KB247983

미래 세대를 위한 민주시민 이야기

미래 세대를 위한 민주시민 이야기

미래 세대를 위한 민주시민 이야기

제1판 제1쇄 발행일 2025년 9월 18일

글 _ 정주진
기획 _ 책도둑(박정훈, 박정식, 김민호)
디자인 _ 정하연
펴낸이 _ 김은지
펴낸곳 _ 철수와영희
등록번호 _ 제319-2005-42호
주소 _ 서울시 마포구 월드컵로 65, 302호(망원동, 양경회관)
전화 _ 02) 332-0815
팩스 _ 02) 6003-1958
전자우편 _ chulsu815@hanmail.net

ⓒ 정주진, 2025

* 이 책에 실린 내용 일부나 전부를 다른 곳에 쓰려면
  반드시 저작권자와 철수와영희 모두한테서 동의를 받아야 합니다.
* 이 책에 실린 사진 중 저작권자를 찾지 못하여 허락을 받지 못한 사진에 대해서는
  저작권자가 확인되는 대로 통상의 기준에 따라 사용료를 지불하도록 하겠습니다.
* 잘못된 책은 출판사나 처음 산 곳에서 바꾸어 줍니다.

ISBN 979-11-7153-033-5 43300

철수와영희 출판사는 '어린이' 철수와 영희, '어른' 철수와 영희에게
도움 되는 책을 펴내기 위해 노력합니다.

미래 세대를 위한

민주시민 이야기

글 정주진

철수와영희

튼튼한 민주주의가 필요합니다

2024년 12월 3일 밤 10시 28분 비상계엄이 선포됐습니다. 비상계엄을 선포한 윤석열 대통령은 국회의원들의 비상계엄 해제 투표를 막으려고 무장한 군인들을 국회에 보냈습니다. 군인들에게 힘으로 국회의원들을 제압하고 끌어내라고 명령했습니다. 그러나 군인들은 국회로 달려간 시민들, 국회 직원들, 국회의원 보좌관들의 저지로 명령을 실행하지 못했습니다. 다행히 국회의 결의로 비상계엄은 약 6시간 만에 해제됐습니다. 그러나 이는 우리 민주주의에 중대한 오점을 남겼습니다.

군사 독재 시절에나 있었던 비상계엄이 거의 45년 만에 선포됐고 대통령이 무력으로 입법 기관인 국회를 장악하려고 했습니다. 전 국민이 공포에 떨었고 국제 사회도 충격을 받았습니다. 12월 14일 국회는 투표를 통해 윤석열 대통령 탄핵 소추안을 가결했고, 그 뒤엔 헌법 재판소의 심판이 시작됐습니다. 이후 윤석열 대통령은 비상계엄을 선포하고 군대를 동원해 정치적 반대자들을 제거하려 한 내란 혐의가 드러나 체포됐습니다.

2025년 1월 19일 새벽 서울 서부 지방 법원이 공격을 당했습니다. 공격을 한 건 법원 주변에서 시위를 하던 사람들이었습니다. 100여 명 정도의 사람들이 법원 건물의 외부 벽과 창문을 부쉈고 건물 내부로 들어가 기물도 마구 부쉈습니다. 폭동이 일어났던 겁니다. 법원이 윤석열 대통령에 대한 구속 영장을 발부하자 시위를 하던 일부 사람들이 폭도로 변해 이런 일을 저질렀습니다. 이들은 경찰들을 공격해 부상을 입혔고 기자들도 폭행했습니다. 창문과 출입문을 부수고 법원 내부로 들어간 사람들은 쇠 파이프를 끌고 위협적인 말을 하며 판사들을 찾아다니기도 했습니다.

비상계엄과 법원 공격은 한국에서 누구도 상상조차 하지 못한 충격적인 일이었습니다. 두 사건 모두 독재 국가나 정치적 불안으로 민주주의가 아주 허약하고 법적인 절차가 무시되는 국가에서나 있을 수 있는 일이기 때문입니다. 이는 우리의 민주주의가 위기에 처했음을 보여 주었습니다.

「헌법」을 위반하고 비상계엄을 선포한 대통령은 법적인 절차를 거쳐서 파면됐습니다. 그런데 우리는 그 시간 동안 많은 비정상적인 일들을 경험했습니다. 「헌법」을 지켜야 하는 일부 국회의원은 「헌법」을 위반한 대통령을 지키기 위해 적극 나섰습니다. 「헌법」을 부정하는 말을 서슴지 않았습니다. 「헌법」과 법적인 절차를 거부하고 폭력을 선동하는 사람들과 한편이 됐습니다. 그들이 퍼뜨리는 온갖 가짜 뉴스를 이용하고 그들의 폭언과 혐오를 독려했습니다. 가짜 뉴스와 괴변으로 비상계엄을 정당화했습니다. 탄핵 심판을 진행하는 헌법 재판관들을 협박하기도 했습니다.

민주주의 사회에서는 누구든 자기 의사를 표현할 수 있습니다. 하지만 법적인 절차를 부인하고, 물리적 폭력을 행사하며 협박을 하고, 혐오와 증오의 말을 하고, 가짜 뉴스를 퍼뜨리는 방식으로 해서는 안 됩니다. 무엇보다 국회의원은 입법 기관이기 때문에 법을 거스르는 일을 지지해서는 안 됩니다.

비상계엄과 대통령 탄핵 심판 과정을 겪으면서 우리의 민주주의가 허약하고 나아가 위기에 처했음을 실감했습니다. 도대체 무엇이 어디부터 잘못된 것일까요? 어떻게 하면 튼튼한 민주주의를 만들 수 있을까요? 이런 고민이 이 책을 쓰는 계기가 됐습니다.

이 책은 우리의 민주주의에 대해 함께 생각해 보는 책입니다. 무엇보다 민주주의를 지키고 발전시키기 위해 민주시민이 알고 고민해야 할 것이 무엇인지 생각해 볼 것입니다. 우리의 생각과 고민이 깊어질수록 우리는 어떤 일에도 흔들리지 않는 튼튼한 민주주의를 만들 수 있습니다. 우리의 안전과 행복을 위해 우리는 그런 민주주의가 필요합니다.

2025년 9월 일산에서

정주진

민주주의는 어떻게 지켜질까

사람들이 광장으로 쏟아져 나온 이유

1987년 6월 민주항쟁에 대해 들어 봤을 겁니다. 사전에서는 보통 1987년 6월 10일부터 29일까지 전국적으로 벌어진 반정부 시위라고 정의하고 있습니다. 특히 설명에서는 6월 10일의 시위에 전국적으로 대규모 인원이 참석했던 점을 강조하고 있습니다.

그런데 이보다 훨씬 전부터 정부에 저항하고 민주화를 요구하는 시위가 계속됐습니다. 당시 대통령은 독재자 전두환이었고 정부에 대한 국민의 분노는 최고조에 달했습니다. 그렇다면 특별히 왜 6월 10일에 많은 사람이 거리로 나왔을까요? 이유는 하루 전인 6월 9일에 연세대학교 학생이었던 이한열이 시위 중

　　　　　　　　　　1장. 민주주의는 어떻게 지켜질까

경찰이 쏜 최루탄[1]에 뒷머리를 맞아 뇌사 상태에 빠진 일이 발생했기 때문입니다. 다른 학생의 부축을 받으면서 머리에서 피를 흘리는 이한열의 사진이 보도됐고 사람들은 깊은 슬픔과 분노를 느꼈습니다. 이는 정부와 경찰의 폭력을 가장 극적으로 보여 준 사진이었습니다. 이한열은 7월 5일 결국 사망했습니다.

1 눈물을 흘리게 하는 가루나 가스를 넣은 탄알로, 이것이 터지면 연기처럼 분산되면서 일시적으로 시력 장애와 호흡 장애, 구토 등을 유발합니다. 과거 독재 정권 시절 경찰이 시위대를 진압할 때 많이 사용하였습니다.

6월 10일 서울시청 광장에서는 '국민운동본부'가 주관하는 시위가 예정되어 있었습니다. 정부와 경찰은 이한열 사진 공개로 많은 사람이 시위에 참여할 것을 우려해 여러 조치를 했습니다. 조기 퇴근, 단축 수업, 지하철 무정차 통과 등 온갖 수단을 동원해 사람들이 모이는 걸 막으려 했습니다. 하지만 시민들은 그에 굴하지 않았습니다. 이날 시위에는 예상을 뛰어넘는 많은 사람이 모였습니다. 분노한 사람들이 시청 광장으로 쏟아져 나왔습니다. 특히 그동안 목소리를 내지 않았던 30~40대 회사원들이 대거 참여했고 중·고등학생들도 나왔습니다. 그 뒤 29일까지 전국 곳곳에서 대규모 시위가 벌어졌습니다. 그 결과 여당

이한열을 추모하기 위해 서울 시청 앞 광장에 모인 시민들의 모습(1987. 7. 9).

1장. 민주주의는 어떻게 지켜질까

인 민주정의당의 대표위원이었던 노태우는 대통령 직선제[2]를 포함한 개헌, 시국 사범[3]의 대거 석방, 언론 자유 등을 담은 선언을 발표했습니다. 그리고 그해 말 개헌을 통해 대통령 직선제가 이뤄졌습니다.

왜 사람들은 광장으로 나가 시위를 했을까요? 경찰에 체포될 수도 있고 이한열처럼 최루탄에 맞을 수도 있었는데요. 한마디로 말하면 더는 참을 수 없었기 때문입니다. 독재 정권 아래에서 국민들은 숨 막히는 일상을 견뎌야 했습니다. 조금이라도 정부와 대통령의 문제를 지적하거나 불만을 드러내면 모두 체포되고 고문을 받았습니다. 심지어 '간첩'으로 몰려 처형을 당하기도 했습니다. 우리 국민은 30년 가까운 세월을 숨죽이고 살았습니다. 박정희가 1961년 5월 16일 군사 쿠데타를 일으키고 1963년 대통령이 된 후부터, 전두환이 두 번째 대통령 임기를 채우고 있었던 당시까지 우리 국민은 독재 정권하에 있었습니다.

2 선거권을 가진 국민 전체가 투표를 통하여 직접 대통령을 선출하는 제도입니다. 현재 우리나라에서 실시하고 있는 대통령 선거 제도입니다.

3 정치적 신념이나 사회 운동과 관련된 활동을 하다 법적 처벌을 받게 된 사람들을 가리키는 말로 보통 정부에 반대하는 주장을 했다는 이유로 체포되고 처벌을 받았습니다.

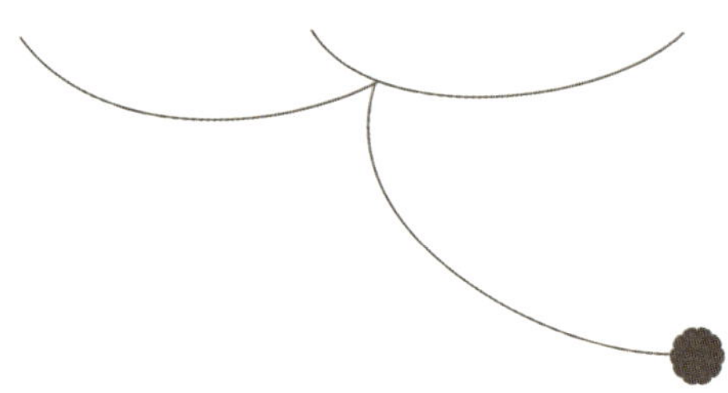

박정희 독재 시절에 가장 무서운 것 중 하나는 이른바 '막걸리 보안법'이었습니다. 이승만 정권 때 막걸리를 마시면서 대통령을 욕하는 사람들을 「국가보안법」 위반으로 체포했기 때문에 사람들이 붙인 이름입니다. 독재를 계속하기 위해 국민의 입을 틀어막아야 했던 박정희는 더 강력하게 「국가보안법」을 적용했습니다. 1972년 「유신 헌법」[1]으로 개헌을 한 뒤에는 잇달아서

[1] 1972년 박정희 대통령이 장기 집권을 위해 제정한 「헌법」을 말합니다. 대통령의 임기를 연장하고, 대통령 선출 방식을 국민 전체의 직접 투표가 아닌 간접 선거로 바꾸고, 대통령이 긴급조치를 발동해 국민의 자유와 권리를 제한할 수 있는 내용들이 들어가 있었습니다.

국민의 자유를 제한하는 긴급 조치를 발표하기도 했습니다. 특히 긴급 조치 9호는 '유언비어'를 만들거나 퍼뜨리는 행위를 금지하는 내용을 담고 있었습니다. 어떤 말이 유언비어인지는 정부와 경찰이 마음대로 판단했습니다. 친구들이나 동료들과 술한잔 마시면서 넋두리처럼 하는 말까지 감시당했고 정부에 조금이라도 불만을 표시하면 「국가보안법」위반으로 체포됐습니다. 심지어 학교 강의에서 「유신 헌법」을 만든 과정을 설명하기만 해도 체포됐습니다. 단지 체포만 한 것이 아니었습니다. 사람들을 고문하고 억울한 누명을 씌워 감옥살이를 시켰습니다.

전두환의 악행과 독재는 박정희에 뒤지지 않았습니다. 국군 보안사령관이었던 전두환은 1980년 5월에 광주에서 민간인을 학살한 후 그해 9월 11대 대통령이 됐습니다. 전두환은 1988년 2월 12대 대통령 임기를 끝낼 때까지 독재자의 면모를 제대로 보여 주었습니다. 특히 전두환은 집권 내내 광주 학살의 만행을 덮기 위해 수단 방법을 가리지 않았습니다. 그러나 진실을 요구하고 독재 정권을 비판하는 시민들의 시위는 계속됐습니다.

6월 민주항쟁이 일어났던 해인 1987년 1월에는 서울대학교 학생 박종철이 경찰의 고문으로 사망하는 사건이 발생했습니다. 경찰은 당시 수배 중이던 박종철의 선배를 찾기 위해 박종

박종철이 고문당한 서울 남영동 대공분실 509호.

철을 불법으로 연행한 뒤 폭행하고 전기 고문과 물고문을 가했습니다. 결국 박종철은 질식사했습니다. 이 사건은 전 국민을 분노하게 했고 6월 민주항쟁의 도화선이 됐습니다. 그런데 이는 독재 정권이 그동안 저지른 수많은 폭력 중 하나에 불과했습니다. 박종철 사망 뒤 정부를 비판하고 독재 정권의 종식을 요구하는 시위가 전국에서 조직적으로 벌어졌고 정부와 경찰은 무력 진압을 계속했습니다. 그러다 이한열을 사망에 이르게 한 것입니다.

이런 독재를 오랫동안 경험한 사람들이 더는 분노를 참지 못해 광장으로 뛰쳐나온 건 당연했습니다. 자신이든 가족이든 친구든 누구나 박종철과 이한열처럼 될 수 있다는 걱정과 두려움이 있었습니다. 또한 독재 정권을 끝내지 않으면 개인과 국가의 미래가 없다고 생각했습니다. 독재 정권을 끝내고 민주주의 국가를 만들려는 절박함과 열망이 사람들을 광장으로 뛰쳐나오게 했습니다.

민주주의를 위한 투쟁

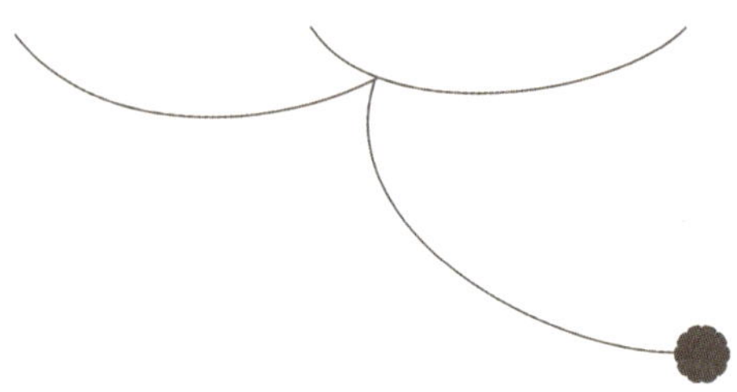

　2021년 2월 1일 미얀마군이 쿠데타를 일으켜 선거를 통해 세워진 정부를 무너뜨리고 정권을 배앗았습니다. 쿠데타는 국민의 뜻과 상관없이 비합법적인 수단으로 정권을 배앗기 위해 일으키는 반란 행위를 말합니다. 합법적인 정부를 무너뜨리고 정권을 배앗으려면 무력이 필요하니 흔히 군대를 동원한 군사 쿠데타가 일어납니다. 미얀마에서는 1962년과 1989년에도 군사 쿠데타가 있었습니다. 1962년 군사 쿠데타 뒤부터 수십 년 동안 군사 독재 정권이 이어졌습니다. 미얀마 국민은 군사 독재를 끝내고 민주주의를 이루기 위해 오랫동안 노력했습니다. 그 결과 2016년 2월에 처음으로 문민정부, 그러니까 군인 또는 군 출신

　　　　　　　　　　　　　1장. 민주주의는 어떻게 지켜질까

이 아닌 민간인 출신 대통령이 정부를 이끄는 제대로 된 민주주의 정부가 세워졌습니다. 그런데 또 다른 군사 쿠데타로 민주주의 정부가 무너져 버린 겁니다.

미얀마 국민들은 충격을 받았고 곳곳에서 쿠데타와 군사 정권에 항의하는 시위가 벌어졌습니다. 군과 경찰은 거리로 뛰쳐나온 사람들을 강하게 진압했습니다. 그래도 시위가 멈추지 않자 나중에는 고무탄과 실탄을 발사했습니다. 수십 명의 사망자와 부상자가 발생했고 많은 사람이 체포됐습니다. 쿠데타가 일어나고 일 년 만에 1,500명 이상이 군과 경찰, 그리고 그들에게 동조하는 세력에 의해 살해됐습니다. 군사 정권은 저항이 심한 지역의 마을과 주민들을 산 채로 불태우는 만행을 저지르기도 했습니다. 미얀마는 지옥 같은 군사 독재 시절로 돌아갔습니다. 그러나 미얀마 국민들은 굴복하지도 포기하지도 않았습니다. 민주주의를 회복하기 위해 군사 정권에 대한 조직적인 저항을 시작했고 이 저항은 2025년 8월 현재도 계속되고 있습니다.

미얀마 사람들은 왜 목숨을 걸고 저항을 할까요? 이유는 단 하나입니다. 민주주의를 원하기 때문입니다. 미얀마 사람들이 민주주의를 경험한 것은 5년 정도에 지나지 않았지만 민주주의 정부가 군사 독재 정권과 어떻게 다른지를 분명히 깨달았습니

쿠데타 반대 시위를 벌이는 미얀마 시민들(2021. 2. 9).

1장. 민주주의는 어떻게 지켜질까

다. 다시 군사 정권의 폭력과 만행을 겪으면서 민주주의만이 자신, 가족, 친구, 동료 등의 안전한 삶과 자녀, 그리고 손주 세대의 행복을 보장할 수 있다는 믿음은 더욱 확고해졌습니다.

미얀마뿐 아니라 세계 많은 국가가 독재를 몰아내고 민주주의 정부를 세우기 위해 싸웠던 역사를 가지고 있습니다. 1986년 2월에 있었던 필리핀의 '피플 파워(People Power) 혁명', 1989년 이후 폴란드, 헝가리, 루마니아, 불가리아 등 동유럽 국가들에서 있었던 대규모 시위, 2011년 1월 이후 튀니지, 리비아, 이집트, 예멘, 시리아 등 아랍 국가들에서 있었던 '아랍의 봄' 시위 등이 있습니다. 이들 시위의 공통점은 모두 쿠데타로 집권한 폭력적인 정권의 오랜 독재, 또는 억압적이고 비민주적인 정부에 맞서 일어났다는 겁니다. 한국도 비슷한 역사를 가진 국가 중 하나입니다.

민주주의를 파괴하는 쿠데타와 독재

　한국을 포함한 많은 국가의 역사가 말해 주는 건 쿠데타와 독재는 민주주의 사회에서 절대 인정될 수 없다는 겁니다. 민주주의는 국민이 권리를 가지고 스스로 그 권리를 행사하는 정치 형태를 말합니다. 우리 「헌법」 제1조는 "대한민국은 민주공화국이다. 대한민국의 주권은 국민에게 있고, 모든 권력은 국민으로부터 나온다"며 한국이 민주주의 국가임을 확실하게 밝히고 있습니다. 그런데 쿠데타는 국민의 뜻과는 상관없이 개인이나 특정한 집단이 자기 욕심 때문에 비합법적인 수단으로 정권을 빼앗기 위해 일으키는 반란입니다. 쿠데타를 일으킨 세력은 무력으로 국민의 자유를 억압하고 정치적 표현을 막습니다. 그리고 독재는 권력을 잡은 사람이 자기 마음대로 국가를 운영하는 것, 다시 말해 자신과 주변 사람들의 욕심을 충족시키려고 국가를 이용하는 걸 말합니다. 보통 쿠데타를 일으킨 사람은 정권을 잡은 뒤 독재자가 됩니다. 그러니 쿠데타와 독재는 민주주의와는 정반대이고 민주주의를 파괴합니다.

박정희와 전두환의 공통점은 쿠데타를 일으키고 독재를 했다는 겁니다. 그들은 군사 반란을 일으키고 무력을 이용해 정권을 잡았습니다. 정권을 잡은 뒤에는 권력을 유지하기 위해 국민을 위협하고 온갖 폭력을 저질렀습니다. 이것은 당연히 민주주의가 아닙니다.

그런데 어떤 사람들은 쿠데타를 일으키고 독재를 했지만 박정희도 전두환도 잘한 게 있다고 말합니다. 특히 경제 성장을 이룬 박정희의 업적은 높게 평가해야 한다고 주장합니다. 그런데 박정희의 독재가 없었다면 우리는 자유로운 사회 분위기에서 더 큰 경제 성장을 이룰 수도 있었을 겁니다. 세계 많은 선진국이 그랬던 것처럼 말입니다. 그리고 경제 성장은 우리의 부모와 조부모 세대가 밤낮을 가리지 않고 가난을 벗어나기 위해 몸이 부서지도록 일한 결과였습니다. 하지만 박정희는 오히려 이런 노동자들을 착취하고 억압했습니다. 그런데도 경제 성장의

1973년 국군의 날 행사 때 펼쳐진 박정희를 기리는 거대한 카드섹션 모습.

공로를 박정희에게 돌리는 건 우리 부모와 조부모 세대의 피, 땀, 눈물을 외면하는 것입니다.

쿠데타로 정권을 잡은 독재자도 잘한 게 있으니 그건 제대로 평가해 주어야 한다는 주장은 한마디로 독재자를 두둔하기 위한 괴변입니다. 마치 살인자가 자기 죄를 덮고 사람들에게 잘 보이기 위해 한 일을 강조하면서 그를 훌륭한 사람으로 치켜세우는 것과 같습니다. 박정희와 전두환은 실제로 군과 경찰을 동원해 많은 사람을 살해하기도 했습니다. 살인자가 참회하고 사과를 하고 완전히 새로운 사람이 되어서 좋은 일을 했다면 그건 인정해 줄 수 있습니다. 그래도 그가 저지른 살인죄는 사라지지 않습니다. 그런데 박정희와 전두환은 자신이 저지른 일을 참회하지도 사과하지도 않았습니다.

시간이 흘렀다고 독재자에게 유리한 점을 강조하는 건 당시 억울하게 체포되고 고문과 처형을 당했던 사람들과 그 가족들의 고통을 외면하는 행위입니다. 위험을 무릅쓰고 민주주의를 위해 광장으로 뛰쳐나가 외쳤던 우리 앞 세대의 노고를 하찮게 만드는 일이기도 합니다. 긴 시간의 민주화 투쟁을 통해 이룬 우리의 민주주의를 모독하는 겁니다. 민주시민이라면 절대 해서는 안 되는 일입니다.

45년 만의 비상계엄

　2024년 12월 3일 밤 당시 대통령이었던 윤석열은 비상계엄을 선포했습니다. 우리나라 법률에 의하면, 계엄령은 전시·사변 또는 이에 준하는 국가 비상사태 시 행정 및 사법 기능으로 사회 질서를 제대로 유지할 수 없는 경우 군사상 필요에 따르거나 공공의 안녕과 질서를 유지하기 위해 대통령이 선포할 수 있습니다. 해석하면 전쟁이 일어났거나 전쟁과 비슷한 수준으로 국내 상황이 심각하고 혼란스러워서 정부와 사법 기관이 평소의 방식으로는 사회 질서를 유지하고 국민의 안전을 보장할 수 없는 상황일 때 선포될 수 있다는 겁니다.

　계엄에는 비상계엄과 경비계엄이 있습니다. 비상계엄은 경비계엄보다 혼란이 심각한 상황에 선포되는 것으로 계엄령에 의해 영장 제도, 언론·출판·집회·결사의 자유, 정부와 법원의 권한에 대해 특별한 조치를 할 수 있습니다. 한마디로 비상 상황이니 평상시의 법과 절차에 따르지 않고 국민의 모든 권리를 제한하거나 없앨 수 있다는 얘기입니다. 윤석열이 선포한 것은 바로 이런 비상계엄이었습니다.

「계엄법」

제2조(계엄의 종류와 선포 등) ① 계엄은 비상계엄과 경비계엄으로 구분한다.

② 비상계엄은 대통령이 전시·사변 또는 이에 준하는 국가 비상사태 시 적과 교전(交戰) 상태에 있거나 사회 질서가 극도로 교란(攪亂)되어 행정 및 사법(司法) 기능의 수행이 현저히 곤란한 경우에 군사상 필요에 따르거나 공공의 안녕질서를 유지하기 위하여 선포한다.

③ 경비계엄은 대통령이 전시·사변 또는 이에 준하는 국가 비상사태 시 사회 질서가 교란되어 일반 행정 기관만으로는

　1948년 8월 15일 정부가 수립된 이후 11차례 계엄령이 선포됐습니다. 한국 전쟁기에 있었던 몇 차례의 계엄을 제외하고는 모두 정부에 반대하는 대규모 시위 같은 정치적 사건과 관련해 선포되었습니다. 특히 박정희는 자신의 독재를 연장하기 위해 계엄을 선포했습니다. 마지막 계엄은 1979년 10월 26일 박정희가 살해된 이후 12·12 쿠데타로 정권을 장악한 전두환 신군부 세력이 1979년 10월 27일 제주도를 제외하고 선포된 비상계엄을 1980년 5월 17일에 전국으로 확대한 것입니다. 전두환은 계엄군을 광주에 투입해 시민을 무차별 학살하고 5·18 민주화운동을 진압했습니다. 이 비상계엄은 1981년 1월 24일 해제됐습니다. 1987년 6월 민주항쟁 뒤에 현재의 「헌법」이 만들어졌고, 대통령이 계엄을 선포하더라도 국회 재적 의원 과반수가 찬성하면 계엄 해제가 가능하게 됐습니다.

　2024년 12월 3일 선포된 계엄령은 거의 45년 만의 일이었습니다. 물론 「헌법」 제77조에는 대통령이 "계엄을 선포할 수 있

　　　　　　　　　　　　　　　　　　　1장. 민주주의는 어떻게 지켜질까

다"고 쓰여 있습니다. 그러나 「계엄법」에서 분명히 밝히고 있듯이 전쟁, 폭동, 대규모 시위 등이 일어나 평소의 행정과 사법 절차로는 질서 유지가 안 될 정도로 사회가 매우 혼란스러울 때만 선포가 가능합니다. 45년 동안 우리 사회에서 그런 상황은 없었고 2024년도 마찬가지였습니다. 그런데도 윤석열은 비상계엄을 선포했고 군대를 동원해 국회를 강제 해산하려고 했습니다. 이건 비상계엄 시에도 해서는 안 되는 일입니다.

윤석열은 비상계엄을 선포할 때 거쳐야 하는 법적 절차, 그러니까 국무회의에서 의결하고 국회에 통보해야 한다는 규정도 지키지 않았습니다. 그래서 이 비상계엄은 친위 쿠데타로 여겨졌습니다. 이미 권력을 쥔 자가 더 큰 권력을 얻기 위해 불법적인 방법으로 벌인 쿠데타인 것입니다. 친위 쿠데타가 성공하면 권력자는 독재자가 됩니다. 윤석열은 결국 독재자가 되려고 했던 겁니다. 민주주의 국가의 대통령이라면 상상도 해서는 안 되는 일이었습니다.

민주시민의 역할

12월 3일 밤 10시 28분에 비상계엄이, 그리고 11시 23분에 포고령 1호가 발표됐습니다. 포고령은 어떤 내용을 알리는 법령이나 명령을 말하는데, 포고령 1호는 6개 항으로 되어 있었습니다. 그 주요 내용은 국회, 정당 등의 정치 활동 금지, 가짜 뉴스와 여론 조작 등의 금지, 모든 언론과 출판에 대한 계엄사의 통제, 집회 행위 금지, 전공의 업무 복귀와 위반 시 처단, 포고령 위반자에 대한 영장 없는 체포, 구금, 압수 수색 등이었습니다. 처음에는 대다수 국민이 비상계엄이 사실이 아닌 줄 알았고 너무 황당해서 웃었다는 사람들도 있었습니다. 그러나 포고령 1호는 비상계엄이 현실임을 확실히 했고 자정이 지나 국회 본청에 계엄군이 들이닥친 상황이 방송으로 생중계됐습니다.

비상계엄 소식을 들은 시민들, 국회 직원과 국회의원 보좌관들, 국회의원들은 곧바로 국회로 달려갔습니다. 그들은 계엄군을 맨몸으로 막았고, 일부 국회의원들은 담을 넘어 국회 본회의장으로 들어가 계엄 해제 투표를 했습니다. 언론은 이 모든 과정을 생중계했고, 시민들도 사회관계망을 통해 실시간으로 상황을 알렸습니다. 많은 사람의 노력 덕분에 비상계엄은 약 6시간 만에 해제됐습니다. 비상계엄이 해제되지 않았다면 다음 날부터 어떤 일이 벌어졌을까요. 정치인, 언론인, 노조 간부 등은 물론이고 그동안 정부를 비판했던 많은 사람이 체포되고 고문을 당했을 겁니다. 그중 일부는 쥐도 새도 모르게 죽임을 당했을 수도 있습니다.

대통령이 계엄령을 선포하려면 법에 따라야 합니다. 먼저 「헌법」에 명시된 것처럼 전시나 사변 등의 국가 비상사태여야 합니다. 또 절차상으로는 「계엄법」에 따라 국무회의의 심의를 거쳐야 하고 「헌법」과 「계엄법」에 따라 대통령은 지체하지 말고 바로 국회에 이를 알려야 합니다. 그러나 윤석열은 이 중 어느 것도 따르지 않았습니다. 윤석열은 기습적으로 비상계엄을 선포했고 계엄군을 투입해 국회의 계엄 해제 표결을 막으려고 했

국회 의사당 앞에서 비상계엄에 반대하는 시민들의 모습(2024. 12. 3).

습니다. 또한 국회가 계엄 해제 결의를 한 뒤에도 바로 계엄 해제 선언을 하지 않고, 3시간 30분 정도가 지나서야 공식적으로 비상계엄을 해제했습니다. 이런 일은 독재자만 할 수 있습니다. 결국 윤석열은 헌법 재판소의 결정에 따라 파면됐습니다.

비상계엄 뒤 헌법 재판소의 대통령 파면 결정까지 4개월 동안 철저하게 법적인 절차가 진행됐습니다. 그런데 국회 탄핵 표결 전과 후, 그리고 헌법 재판소의 결정이 이뤄지는 과정에서

1장. 민주주의는 어떻게 지켜질까

국회의 비상계엄 해제 요구 결의안 가결 후 철수하는 계엄군들의 모습(2024. 12. 4).

윤석열을 지지하고 탄핵에 반대하는 주장이 확산했습니다. 윤석열은 야당 때문에 정치를 하기 힘들었고 자유 민주주의 체제를 무너뜨리려는 세력을 없애야 한다는 "대통령으로서의 절박함" 때문에 비상계엄을 선포했다고 주장했습니다. 그런데 그건 주관적인 판단이고 오히려 무능하고 무책임한 대통령이었음을 시인한 것입니다. 민주주의 국가에서는 대통령을 포함해 누구도 자신의 주관적인 판단으로 국회를 마비시키고 국민의 기본적인 권리를 제한하는 일을 할 수 없습니다. 그런데도 일부 국회의원들과 지지자들은 그런 핑계가 정당하다고 우기면서 탄핵에 반대했습니다. "대통령은 윤석열뿐"이라며 그를 왕처럼 떠받들었습니다. 온갖 핑계를 대며 자신의 범죄를 정당화하는 범죄자를 두둔하는 것과 같았습니다. 이들은 법적인 절차를 무시하고 민주주의의 기본인 법치를 부정하는 주장까지 했습니다.

물론 누구나 윤석열을 지지할 수 있습니다. 개인적인 연민이든 '팬심'이든, 아니면 용모나 스타일이 마음에 들어서든 충분히 그럴 수 있습니다. 윤석열이 탄핵된 뒤 야당이 정권을 잡는 것이 싫어서 그럴 수도 있습니다. 그러나 그런 개인적인 이유 때문에 「헌법」을 위반한 대통령이 파면을 피하려고 늘어놓는 괴변을 옹호하고 민주주의의 토대인 법치를 부정하면서 법적인 절차를 방해해서는 안 됩니다. 그건 민주시민이라면 절대 해서는 안 되는 일인데 유감스럽게도 그런 사람들이 꽤 많았습니다.

오늘날 세계 곳곳에서 민주주의가 위기에 처해 있습니다. 극단적인 정치 이념을 가진 정치인들과 지지자들, 국민의 목소리를 듣지 않고 자기 마음대로 정치를 하는 권력자들이 있기 때문입니다. 그럼에도 여전히 민주주의가 붕괴하지 않고 생명을 이어 가고 있습니다. 민주주의의 가치를 믿고 그것을 지키기 위해 기꺼이 광장으로 나오며 자신을 희생하는 민주시민들이 굳건히 버티고 있기 때문입니다. 우리 사회도 비상계엄이라는 위기를 맞았지만 다행스럽게도 많은 국민이 민주시민으로서의 책임감과 자부심으로 민주주의가 무너지는 것을 막았습니다.

2장
민주주의의
토대는
법치주의다

법이 있는 것과
법치주의는 다르다

2025년 3월 13일 시리아 과도 정부[1]의 임시 대통령은 5년 후 정식 정부가 세워질 때까지 국가 운영의 토대가 될 '임시 「헌법」'에 서명했습니다. 이로써 시리아는 법치주의로 가는 첫걸음을 뗐습니다. 임시 「헌법」에는 민주주의 국가에 반드시 필요한 삼권 분립, 즉 입법부, 행정부, 사법부의 분리와 상호 견제, 그리고 사법부의 독립성이 포함됐습니다. 여성의 권리, 표현의 자유, 언론 자유 등의 내용도 포함됐습니다. 국제연합(UN)은 시리아의

1 한 정치 체제에서 다른 정치 체제로 넘어가는 과정에서 임시로 구성된 정부를 말합니다.

 2장. 민주주의의 토대는 법치주의다

‘법치주의 회복’을 환영하면서 새로운 「헌법」이 그동안의 법적인 공백을 채울 것이라고 했습니다. 법치주의는 혈통으로 세습되는 왕권, 또는 독재 권력의 폭력이나 억압 등이 아니라 법에 따라 통치가 이뤄지는 것을 말합니다. 민주주의 국가는 이런 법치주의에 바탕을 둡니다.

시리아에서는 2011년 4월부터 정부군과 바샤르 알 아사드 대통령에 대항하는 반군 사이에 내전이 시작됐습니다. 13년 이상 계속된 참혹한 내전은 2024년 12월 8일 반군이 독재자 대통령을 쫓아내고 수도를 점령하면서 끝났습니다. 바샤르 알 아사드 대통령은 2000년부터 시리아의 독재자로 군림했습니다. 그의 아버지 하페즈 알 아사드 또한 1971년부터 2000년까지 독재자로 군림했고 아들에게 독재를 물려줬습니다. 아버지에서 아들로 이어진 50년 이상의 독재로 시리아 국민은 혹독한 시간을 보냈습니다. 내전은 이런 독재에 대한 저항에서 시작됐습니다. 내전이 끝난 후 시리아 국민이 원한 것은 법치주의에 바탕을 둔 민주주의 국가였습니다. 임시 「헌법」의 제정은 민주주의 국가의 시작이었습니다.

그렇다고 임시 「헌법」이 완벽한 건 아니었습니다. 여전히 이전 「헌법」과 같이 대통령은 이슬람 신자여야 하고 이슬람법에

시리아의 수도인 다마스쿠스 근교의 두마에 모인 반정부 시위자들의 모습.
시위대는 폭력 반대와 평화를 외쳤다(2011. 4. 8).

2장. 민주주의의 토대는 법치주의다

기초한다는 점을 명시했습니다. 시리아는 인구 중 약 95퍼센트가 이슬람 신자이지만 나머지는 기독교 등 다른 종교를 믿습니다. 그러니 대통령이 이슬람 신자여야 하고 「헌법」이 이슬람법에 기초한다는 건 다른 종교를 가진 사람들에게는 공평하지 않습니다. 또한 이슬람 신자여도 이슬람법을 강조하는 「헌법」에 동의하지 않을 수 있습니다. 앞으로 시리아 과도 정부가 제대로 된 민주주의 국가를 만드는 것은 이렇게 국민의 의견이 다른 문제를 살피고, 다양한 의견을 「헌법」과 정치에 얼마만큼 잘 반영하느냐에 달려 있습니다.

새로운 국가를 세울 때, 또는 내전이 끝나고 새로운 정부가 들어설 때는 대부분 민주주의를 추구합니다. 전 세계적으로 민주주의가 가장 보편적이고 바람직한 정치 형태로 여겨지고 있기 때문입니다. 또 국민은 권력자나 그에 협력하는 집단이 아닌 국민이 주권을 가지는 민주주의를 원합니다. 정치인들은 민주주의를 약속하지 않으면 국민의 지지를 받을 수 없습니다. 그래서 제일 먼저 민주주의에서 반드시 필요한 법치주의가 가능하도록 「헌법」을 만듭니다. 더불어 정부와 국민의 모든 정치, 경제, 사회 활동에 적용될 수 있는 다양한 법을 만듭니다. 하지만 법치주의는 「헌법」과 다른 많은 법이 있다고 가능한 건 아닙니다. 법치주의는 사회 구성원 모두가 얼마나 잘 「헌법」과 법을 준수하느냐에 달려 있습니다.

박정희가 독재 연장을 위해 만든 「유신 헌법」은 보통의 민주주의 「헌법」과 마찬가지로 "국민의 기본적 인권 보장", "법 앞에 평등", "신체의 자유" 같은 내용을 포함하고 있었습니다. 법률에 의하지 않고는 "체포·구금·압수·수색·심문·처벌" 등을 받지 않는다는 것과 심지어 "국민은 고문을 받지 아니하며"라고도 쓰여 있었습니다. 그러나 박정희 정권 때에는 많은 사람이 인권을 보장받지 못했고 법적 절차도 없이 체포되고 감옥에 갇혔습니다. 체포된 사람들은 참기 힘든 고문을 당하곤 했습니다. 법이 엄연히 존재했지만 법치주의는 지켜지지 않았습니다.

　　　　　　　　　　　　　　　2장. 민주주의의 토대는 법치주의다

하락한 민주주의 국가 순위

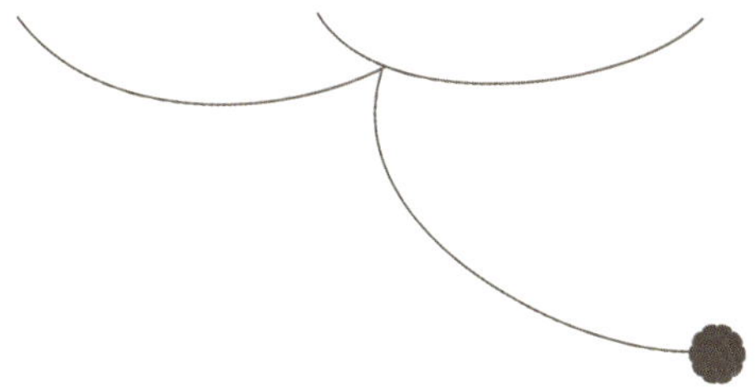

스웨덴 예테보리대학의 민주주의다양성연구소는 전 세계 국가의 정치 체제를 '폐쇄된 독재 정권', '선거 독재 정치', '선거 민주주의', '자유 민주주의' 등 네 단계로 분류하고 있습니다. 이 연구소가 2025년 3월 179개 국가를 조사해 발표한 <민주주의 보고서 2025>에 의하면, 한국은 일 년 전에는 '자유 민주주의 국가'로 분류되었으나 2025년에는 한 단계 아래인 '선거 민주주의 국가'로 분류되었습니다. 선거 민주주의 국가란 자유롭고 공정한 선거는 보장되어 있지만 행정부, 그러니까 대통령이 이끄는 정부에 대한 사법 기관과 국회의 통제가 부족하고 시민의 자유, 법 앞에 평등이 제대로 보장되지 않고 있음을 의미합니다.

이러한 평가는 한국의 민주주의가 심각한 위기 상황임을 의미합니다. 만약에 우리 민주주의 수준이 더 하락한다면 '선거 독재 정치'가 될 것이기 때문입니다. 실제로 보고서는 한국을 "독재화가 진행 중인 국가"라고 지적했습니다. 같은 달 영국 이코노미스트 부설 경제 전문 분석 기관이 발표한 <2024 민주주의 지수>도 한국의 민주주의가 퇴보하고 있다고 평가했습니다. 한국은 10점 만점에서 7.75점을 받아서 2006년 이래 가장 낮은 점수를 기록했습니다. 8점 이상을 '완전한 민주주의' 국가로 평가하는데, 그 이하의 점수를 받음으로써 '결함 있는 민주주의' 국가에 속하게 됐습니다. 민주주의 순위도 2023년의 세계 22위에서 32위로 하락했습니다.

두 보고서 모두 2024년 12월 3일에 있었던 비상계엄을 한국의 민주주의 후퇴의 가장 큰 요인으로 지적했습니다. <민주주의 보고서 2025> 작성에 참여한 한 연구원은 45년 전 전두환이 계엄령을 선포하고 광주에서 학살이 있었는데 12월 3일 비상계엄도 폭력으로 연결될 가능성이 충분했다고 지적했습니다. 그러면서 비상계엄으로 폭력이 발생했는지가 중요한 게 아니라 핵심은 계엄령이 있었다는 사실 그 자체라고 강조했습니다.

비상계엄이 문제가 되는 이유는 그것이 성숙한 민주주의 국가에서는 상상할 수 없는 일이기 때문입니다. 아무리 비상 상황이라 해도 국민의 자유와 권리를 심각하게 제한하는 비상계엄은 민주주의 국가에서는 고려해서는 안 될 일로 여겨집니다. 정치인과 공무원이 자기 책임을 다하는 제대로 된 민주주의 국가에서는 자연재해를 제외하고는 '전쟁이나 전쟁에 버금가는 비상 상황'이 생길 가능성이 아주 낮기 때문이기도 합니다. 그런데 한국에서 비상계엄이 있었고 그 결과 한국의 민주주의 순위가 하락했습니다.

비상계엄 선포는 「헌법」에도 명시되어 있는 대통령의 권한 중 하나입니다. 그런데 왜 민주주의 순위를 하락시킬 정도로 잘못됐다는 걸까요? 그것은 비상계엄이 민주주의의 토대가 되는 법치주의를 어기고 선포된 것이었기 때문입니다. 「헌법」에는 대통령이 계엄을 선포하려면 전쟁이나 그와 비슷한 국가 비상 사태여야 한다고 되어 있습니다. 이는 다른 이유로는 계엄을 선포할 수 없다는 의미입니다. 만약의 상황을 고려해 대통령이 계엄을 선포할 수 있도록 해 놓았지만 아무 때나 쉽게 하지는 못하도록 한 겁니다. 그런데 윤석열은 한마디로 '야당 때문에 힘들다'며 국회에서 다수를 차지하고 있는 제1야당을 제거하기 위해 비상계엄을 선포했습니다. 「헌법」에 명시되어 있는 이유가

없는데 비상계엄을 선포했던 겁니다. 윤석열은 헌법 재판소의
판결에 따라 파면됐습니다. 하지만 한국의 민주주의는 심각한
상처를 입고 위기에 빠졌습니다.

법에는 '편'이 없다

　2021년 1월 6일 2,000명이 넘는 도널드 트럼프 미국 대통령의 지지자들이 미국 의사당에 쳐들어가는 폭동을 일으켰습니다. 이날 미국 의회는 2020년 11월의 대통령 선거에서 트럼프 대통령이 지고 조 바이든 후보가 승리했음을 확인하는 절차를 진행할 예정이었습니다. 대통령 선거도 승리 확인 절차도 모두 법에 따른 것이었습니다. 그런데 선거 과정과 결과를 부정하고 대선을 도둑맞았다고 주장하는 트럼프 대통령 지지자들이 의회의 승인 절차를 방해하려고 의사당에 쳐들어간 겁니다.

　폭도가 된 지지자들은 기물을 부수고 약탈을 하고 절차를 진행하려던 부통령과 하원의장을 잡으러 의사당을 뒤지고 다녔

미국 의사당에 쳐들어간 트럼프 지지자들(2021. 1. 6).

2장. 민주주의의 토대는 법치주의다

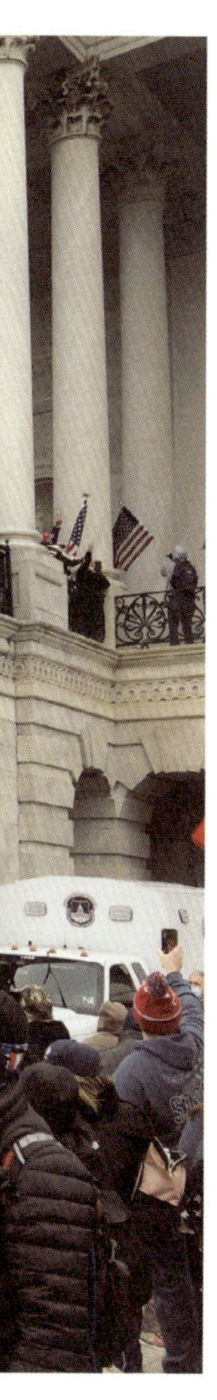

습니다. 또 막아서는 경찰을 공격했고 기자들을 폭행했습니다. "지옥처럼 싸우지 않으면 더는 국가는 없다"는 트럼프 대통령의 선동 발언 후 의사당에 쳐들어간 이들은 몇 시간 동안이나 의사당을 휘젓고 다녔습니다. 그러고는 "이제 편안히 집에 가라"는 트럼프 대통령의 트위터(지금의 X) 영상 메시지를 본 후에야 해산했습니다.

이 폭동은 미국인뿐 아니라 전 세계인에게 충격을 주었습니다. 미국은 그동안 민주주의 모범 국가 중 하나로 여겨졌습니다. 그런 미국에서 의사당을 점령하는 폭동이 일어날 것이라고 누구도 상상하지 못했습니다. 무엇보다 그런 일이 법치주의를 무시하고 선거에 승복하지 않은 대통령의 선동 때문에 일어났다는 점이 충격이었습니다. 많은 한국인 역시 역사와 전통을 자랑하는 미국의 민주주의가 위기에 처했다고 생각했습니다.

그런데 2025년 1월 19일 새벽 한국에서 비슷한 폭동이 일어났습니다. 비상계엄을 선포하고 내란 혐의로 체포된 윤석열에게 서울 서부 지방 법원이 구속 결정을 내린 뒤였습니다. 윤석열 지지자들은 법원의 결정에 분노했습니다. 이들 중 일부는 경찰을 폭행하고 건물 벽과 창문을 부쉈습니다. 법원 내부로 들어가서는 사무실 집기도 마구 부쉈습니다. 또 쇠 파이프를 들고 위협적인 말을 하며 구속 결정을 내린 판사를 찾아다니기도 했습니다. 법원은 마치 폭탄을 맞은 것처럼 아수라장이 됐습니다. 법원 직원들이 모두 피신했고 판사도 퇴근했기 때문에 다행히 부상자는 생기지 않았습니다.

민주주의 국가에서는 누구든 사법 기관의 결정을 따라야 합니다. 물론 사법 기관의 결정에 문제를 제기하고 분노를 표출할 수 있습니다. 그러나 문제를 지적하는 것 역시 법적인 절차에 따라 해야 합니다. 시위를 하더라도 법으로 허용된 범위 안에서 하고 물리적 폭력을 쓰면 안 됩니다. 그런데 법원에 쳐들어간 사람들은 물리적 폭력을 동원해 공공 기관에 침입하고 기물을 부수는 만행을 저질렀습니다. 이들은 자기편을 들어주지 않는, 그리고 자기가 지지하는 사람을 처벌하는 사법 기관은 공격해도 된다는 위험한 생각을 했습니다. 이들은 법원 건물과 사무실을 부숨으로써 법치주의를 부정했고 우리의 민주주의를 공격하고 상처를 입혔습니다.

법원에 쳐들어간 사람들이 주장한 건 두 가지였습니다. 하나는 대통령을 일반인과 같이 대해서는 안 된다는 것이었습니다. 설사 잘못이 있어도 대통령을 체포하고 구속해서는 안 된다고

    2장. 민주주의의 토대는 법치주의다

주장했습니다. 그러나 대통령 체포와 구속 모두 법적 절차에 따른 것이었습니다. 법치주의의 기본은 모두가 '법 앞에 평등'해야 한다는 것입니다. 대통령이나 어떤 고위직 공무원도 예외가 될 수 없습니다. 사실 대통령은 '법 앞에 평등'에서 제외되는 특권을 누립니다. 「헌법」 제84조는 이렇게 규정하고 있습니다. "대통령은 내란 또는 외환의 죄를 범한 경우를 제외하고는 재직 중 형사상의 소추를 받지 아니한다." 즉 내란 또는 외환 죄 외에는 현직 대통령을 검찰이 기소해 법정에 세울 수 없다는 얘기입니다. 그런데 윤석열은 내란죄 혐의가 있었기 때문에 체포되고 구속됐습니다. 대통령이 내란 혐의로 체포되고 구속된 건 역사상 처음이었습니다.

폭도들의 또 다른 주장은 대통령의 내란 혐의가 부당하다는 것이었습니다. 그러나 체포와 구속은 광범한 수사와 방대한 증거에 기초한 사법 기관의 판단이었습니다. 정말 유죄인지는 법적인 절차에 따라 재판에서 다투면 되는 일이었습니다. 이것은 모든 피의자가 밟는 법적인 절차입니다. 그런데도 폭도들은 법치주의와 사법 기관을 무시하며 대통령은 무죄고 설사 죄가 있어도 체포와 구속은 부당하다고 주장했습니다.

억울해도 법치주의

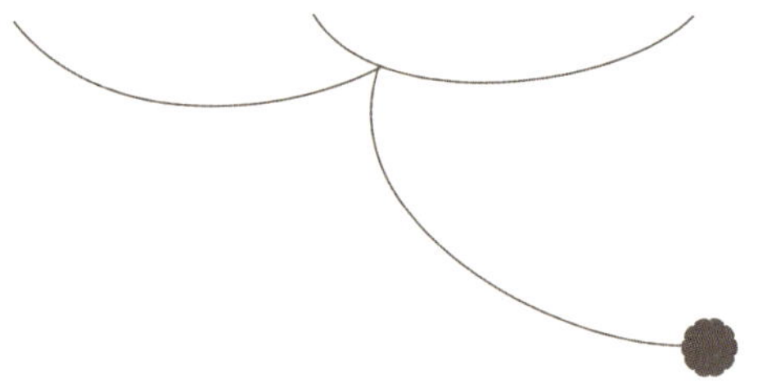

　법은 완벽하지 않습니다. 심지어 국가 운영의 토대가 되는 「헌법」도 완벽하지는 않습니다. 그래도 법은 지켜야 합니다. 가장 큰 이유는 법을 지키지 않으면 사회가 혼란에 빠질 수밖에 없기 때문입니다. 또 법은 개인과 집단이 겪는 문제에 대응하는 기준을 제공해 주기 때문입니다. 그래서 법은 모든 사람에게 똑같이 적용됩니다.

　물론 죄를 짓고도 능력 좋은 변호사를 고용해 혐의를 부정하는 논리를 만들어 무죄 판결을 받는 일도 있습니다. 지위가 높거나 재산이 많거나 유명한 사람들이 피의자가 됐을 때 이런 일이 벌어지곤 합니다. 그런데 이것 또한 법적인 절차입니다. 그

2장. 민주주의의 토대는 법치주의다

러니 따라야 합니다. 법은 완벽하지 않기 때문에 문제가 있거나 잘못된 법은 개정되거나 폐기되기도 합니다. 그리고 변화된 상황에 맞는 새로운 법도 계속해서 만들어집니다. 이 모든 과정은 법적인 절차에 따라 진행됩니다.

법이 완벽하지 않기 때문에 때로는 억울하게 처벌을 받는 사람이 생기기도 합니다. 법을 집행하는 경찰, 검찰, 법원 등이 고의로, 아니면 실수로 잘못된 판단을 할 수도 있습니다. 그런데 그렇게 감옥에 갇혀도 재판에서 결정이 나면 따를 수밖에 없습니다. 법원의 판단이 정당하지 않다고 생각되면 법적인 절차를 밟아서 문제 제기를 하고 새로운 판단을 요구할 수 있습니다.

1975년 4월 9일 내란 예비와 음모 등의 혐의로 체포된 8명의 사람들에게 사형 선고가 내려졌고, 얼마 지나지 않아 바로 사형이 집행되었습니다. 대법원 전원 합의체[1]가 피의자들에 대한 사형을 확정한 지 18시간 만이었습니다. 이른바 '인혁당 재건위 사건' 이야기입니다. 이때 함께 체포돼 재판을 받았던 4명에게는 징역 20년, 또 다른 4명에게는

1 사회적으로 큰 파장을 일으킨 사건을 다루거나 대법원의 기존 판결을 뒤집어야 할 경우에 대법관이 모두 모여서 판결을 내리는 최고 결정 기구를 말합니다. 우리나라는 대법원장을 포함해 총 14명의 대법관으로 구성되어 있습니다.

징역 15년이 확정됐습니다. 선고 뒤 하루도 지나지 않아 사형이
집행되는 경우는 전쟁 상황이 아니고는 어느 국가에서도 거의
일어나지 않는 일입니다. 이 일은 국제적으로 비판을 받았고
'사법 살인'이란 오명을 얻었습니다. 죄가 없는데도 잘못된 법
집행으로 사형을 받았다는 뜻입니다.

인혁당 재건위 사건은 당시 박정희 독재 정권이 조작한 것이
었습니다. 2002년 의문사진상규명위원회는 이 사건이 고문에
의해 과장되고 조작되었다고 밝
혔습니다. 유족들은 이 사건의
재심[2]을 청구했고 2007년 1월
23일 서울중앙지법은 사형된 8
명에 대해 무죄를 선고했습니다.
2008년 2월 23일과 9월 18일에
는 당시 징역형을 선고받았던 사
람들에 대해서도 무죄가 선고됐

2 어떤 사건이 확정 판결로 사건이 종
결되었으나, 재판 진행 과정에서 중
대한 잘못이 있었거나 새로운 증거
가 발견되었을 때 소송 당사자가 청
구하여 다시 재판을 하는 것을 말합
니다.

습니다. 독재 정권과 그에 협조한 중앙정보국, 검찰, 법원 때문
에 무고한 사람들이 죽고 오랫동안 감옥살이를 했습니다. 가족
들은 수십 년 동안 '빨갱이' 낙인이 찍혀 온갖 비난과 수모를 당
하며 살았습니다. 빨갱이는 북한을 추종하는 공산주의자라는

말을 속되게 이른 말입니다.

비교적 최근의 사건도 있습니다. 2013년 1월 검찰은 당시 서울시 공무원이었던 유우성을 「국가보안법」위반 혐의로 기소했습니다. 탈북자 정보를 북한에 넘겼다는 것이 이유였습니다. 범죄의 증거는 국가정보원이 제공했습니다. 유우성은 북한에 살던 화교[3]였습니다. 2004년 탈북했고 화교임을 밝히지 않은 채 북한 이탈 주민 자격을 인정받았습니다. 그는 2011년부터 서울시 계약직 공무원으로 일하면서 탈북자 관련 업무를 담당했습니다. 국가정보원과 검찰은 그가 여러 차례 몰래 북한을 오가며 탈북자 200명의 정보를 동생을 통해 북한 보위부에 넘겼다고 주장했습니다. 한마디로 간첩 행위를 했다는 것이었습니다. 그런데 재판 과정에서 국가정보원이 증거를 조작한 사실이 드러났습니다. 2015년 10월 29일 대법원은 「국가보안법」위반 혐의에 대해 무죄를 선고했고, 「여권법」과 「북한 이탈 주민 보호법」위반, 사기 혐의만 유죄로 인정했습니다. 조작된 증거를 법원에 제출한 국가정보원 직원은 징역 4년을 선고받았습니다.

[3] 외국에 정착해서 사는 중국 사람을 지칭하는 말입니다.

유우성 씨가 무죄를 인정받기까지 2년 10개월 이상이 걸렸습니다.

두 사건의 피해자들은 정보 당국의 증거 조작으로 한국에서 가장 중대한 범죄로 다뤄지는 「국가보안법」 위반 혐의를 받았고 심지어 일부는 사형까지 당했습니다. 유족들과 피해자들은 억울했지만 그래도 법의 판단을 따라야 했고 오랜 시간 노력해 다시 법의 판단을 받았습니다.

법치주의가 억울한 사람을 만들 수도 있습니다. 그래도 민주주의 사회에서는 결국 법으로 무죄를 증명해야 합니다. 그렇지 않으면 또 다른 죄를 짓는 안타까운 일이 발생할 수 있기 때문입니다. 이런 법치주의는 모든 사람에게 똑같이 적용됩니다.

폭동과 저항

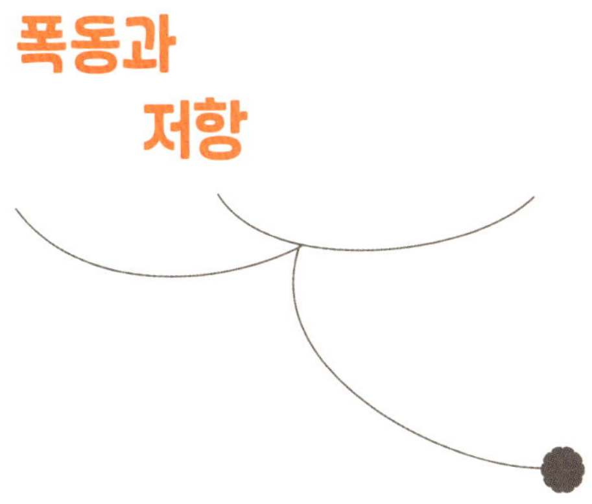

　서울 서부 지방 법원 폭동 사건에 대해 윤석열 지지자들은 법원에 쳐들어간 사람들이 '국민 저항권'을 행사한 것이라고 주장했습니다. 이들은 대통령 체포와 구속이 정당하지 않기 때문에 거기에 국민이 저항할 수 있다고 했습니다. 국민 저항권은 국가가 불법적으로 국민의 기본권을 침해하는 경우 그에 대한 복종을 거부하거나 실력 행사를 통해 저항할 수 있는 국민의 권리입니다.

　그럼 '국민 저항권'은 우리 법에 규정된 권리일까요? 우리 「헌법」에는 이런 저항권에 대한 내용이 없고 법원은 한 번도 '저항권'을 인정한 적이 없습니다. 다만 4·19 혁명, 5·18 광주민주화운동과 관련된 「민주화보상법」, 「5·18민주화운동특별법」 등에서 간접적으로만 시민들의 '저항'을 언급했습니다. 두 사건은 모두 권력자의 독재와 부정부패, 그리고 군사정권의 폭력으로 법치주의가 무너진 상황에서 최후의 수단으로 시민들이 저항한 것이었습니다. 특히 5·18 광주민주화운동은 시민들이 계엄군의 학살이라는 국가 폭력에 맞서 체포와 죽음을 각오하고 저항했던 역사적 사건입니다.

법원 폭동은 이런 사례와는 완전히 달랐습니다. 법에 따라 절차가 진행되고 있는데 결과가 자기 마음에 들지 않는다고 경찰을 폭행하고 법원을 부쉈으니까요. 그런데도 윤석열 지지자들은 폭동 가담자들을 두둔하고 자기편의 범죄를 덮으려는 불순한 의도를 가지고 국민 저항권을 주장했습니다. 그러나 그들의 주장은 법치주의를 거부하는 괴변에 불과합니다.

민주주의 사회에서 시민들은 다양한 방식으로 정부와 법에 저항합니다. 그중 하나가 '시민 불복종'입니다. 시민 불복종은 정부 정책이나 법이 부당하다고 여겨질 때 시민들이 이에 저항하는 행위를 말합니다. 다양한 시민 불복종 방식이 있지만 가장 중요한 건 비폭력 방식으로 저항하는 것입니다. 인도가 영국의 식민 지배를 받고 있었을 때 간디와 그를 따랐던 사람들이 영국

군의 폭력 진압에 비폭력으로 저항했던 일은 시민 불복종의 가장 유명한 사례 중 하나입니다. 1963년 인종차별적인 법의 철폐를 주장했던 미국의 시민들이 경찰의 폭력에 맞서 행진했던 것도 시민 불복종·사례입니다. 이때의 일은 '워싱턴 대행진'으로 알려져 있습니다.

최근 몇 년 동안 유럽 국가들에서는 환경운동가들의 시위가 빈번해지고 있습니다. 이들은 기후 위기 극복과 탄소 감축을 위한 정부의 강력한 정책과 법을 요구합니다. 때로는 기습 시위를 하거나 도로를 막는 등 일부러 법을 위반하기도 하지만 언제나 평화적 방식을 따릅니다. 체포될 걸 알면서도 시위를 하고 경찰의 체포에 순순히 응합니다. 그렇게 체포되는 모습은 오히려 시위의 이유를 알리는 데 도움이 됩니다. 유럽 정부들은 이런 환경운동가들의 시위에 대한 처벌을 강화하고 있고 그래서 1년 이상의 감옥형을 받는 경우도 늘어나고 있습니다. 그래도 환경운동가들은 평화적 방식을 원칙으로 삼고 있고 법도 지키고 있습니다. 시위 과정에서 어쩔 수 없이 법을 어겼을 때는 그에 대한 법적 처벌을 따릅니다.

2017년 9월 7일 새벽 경상북도 성주군 초전면 소성리에 고고도미사일방어체계인 사드(THAAD) 발사대 4기가 배치됐습니다.

주민들은 사드 레이더 장비에서 나오는 전자파의 안전 문제 때문에 사드 배치를 반대했습니다. 그러나 정부는 주민 동의 없이 사드 배치를 밀어붙였습니다. 주민들, 그리고 연대하는 사람들은 온몸으로 저항했지만 경찰은 이들을 한 명씩 들어내 해산시켰습니다. 이들은 2025년 8월 현재까지도 경찰이 배치된 가운데 집회를 하면서 사드 철수를 요구하고 있습니다. 정부의 결정이 잘못됐다고 생각하기 때문에 그것을 되돌리기 위해 평화적 집회를 계속하고 있는 겁니다.

서울 서부 지방 법원 폭동 사건은 이런 시민 불복종이나 국민 저항으로 볼 수 없습니다. 그야말로 폭동일 뿐입니다. 체포된 폭동 가담자들은 재판정에서 법원 문을 강제로 열지 않았다고 주장했습니다. 하지만 그들의 행동은 여러 카메라에 찍혀 온 국민이 지켜보았습니다. 그들은 영상에 찍힌 것마저도 부정했습니다. 자신들의 행위가 범죄였음을 알았기 때문입니다. 변호인들은 국가의 불법 행위에 저항한 것이라고 주장했습니다. 폭동을 국민 저항권 운운하며 두둔한 건 한마디로 어불성설입니다.

어떻게 일하는 국회의원과 정당을 만들까

3장

국회의원이
지지자만을 위해
일해서는 안 되는 이유

　우리는 4년에 한 번씩 300명의 국회의원을 뽑습니다. 2024년 4월 총선의 당선자는 지역구 의원 254명, 비례대표 의원 46명이었습니다. 지역구 의원은 유권자가 직접 선출하고 비례대표 의원은 정당이 유권자로부터 받은 득표율에 따라 정당에 배분됩니다. 결국 간접적이든 직접적이든 300명의 국회의원은 유권자인 국민이 뽑습니다. 국회의원은 입법부인 국회를 구성합니다. 그리고 국민을 대신해 법을 만들고 정부가 하는 일을 감시하거나 정부와 협력해 국가의 일을 처리합니다.

　국회의원은 특별한 권리를 가집니다. 「헌법」 제44조는 이렇게 규정하고 있습니다. "국회의원은 현행범인 경우를 제외하고

　　　　　　　　　3장. 어떻게 일하는 국회의원과 정당을 만들까

는 회기 중 국회의 동의 없이 체포 또는 구금되지 아니한다." 체포 또는 구금되더라도 국회의 요구가 있으면 회기 중에 석방됩니다. 회기는 국회가 개회한 때부터 폐회할 때까지의 기간을 말합니다. 국회의원에게 이렇게 특별한 권리가 주어지는 이유는 뭘까요? 그들이 훌륭하거나 특별한 사람이어서가 아닙니다. 국민과 국가를 위해 안정적으로 일할 수 있게 해 주기 위해서입니다.

국회의원이 해야 할 가장 중요한 일은 국민을 위해 일하는 것입니다. 지역구 의원이든 비례대표 의원이든 모두 전체 국민을 위해 일해야 합니다. 지역구 의원은 당연히 자기를 뽑아 준 지역구의 일을 먼저 생각해야 하겠지만 동시에 국민 전체의 이익도 생각해야 합니다. 국회의원은 이런 의무를 잘 알고 있고 선거 운동 기간에는 국민을 위해 열심히 일하겠다고 맹세하면서 유권자를 설득합니다. 그런데 당선된 후에는 그런 맹세를 저버리는 경우가 많습니다. 또는 자신에게 표를 준 사람들만 보거나 그들이 원하는 것을 우선으로 처리하기도 합니다. 특히 주민들의 의견이 대립할 때는 자신과 정치 성향이 맞거나 자신을 지지하는 사람들의 편을 듭니다. 이건 국회의원의 의무를 다하지 않는 것입니다.

1948년 5월 10일에 실시된 제헌 국회의원 선거 홍보물.

3장. 어떻게 일하는 국회의원과 정당을 만들까

국회의원이 자신을 지지한 사람들만을 위해서 일하면 결국 다수 국민을 외면하는 것이 됩니다. 투표율과 득표율을 보면 이 것이 사실임이 증명됩니다. 2024년 4월에 있었던 22대 총선[1] 의 투표율은 67퍼센트였습니다. 투표권을 가진 사람 100명 중 67명만 투표를 했다는 의미입니다. 그런데도 이 투표율은 우리나라 총선 투표 역사에서 32년 만에 최고 높은 것이었습니다. 그전 21대 총선 투표율은 66.2퍼센트, 20대 때는 58.0퍼센트에 불과했습니다. 18대 때는 46.1퍼센트를 기록하기도 했습니다.

[1] 국회의원 전부를 한꺼번에 선출하는 선거를 말합니다. 대통령제 국가에서는 임기가 만료되었을 때에, 의원내각제 국가에서는 의회 해산 때에 실시합니다.

지역구 국회의원이 정확히 어느 정도의 지지를 얻어 당선됐는지를 보려면 투표율과 득표율을 함께 보아야 합니다. 예를 들어 90퍼센트의 득표율로 당선됐다 해도 그 지역 투표율이 67퍼센트라면 유권자 100명 중 60명이 지지했다는 얘기가 됩니다. 나머지 40명은 지지하지 않았단 얘기입니다. 그런데 90퍼센트 이상을 받아 당선되는 경우는 매우 드뭅니다. 그럼 50퍼센트 득표율을 얻은 경우는 어떨까요? 서울과 수도권의 경우 50~60

퍼센트 정도의 득표율로 당선되는 경우가 많습니다. 65퍼센트의 투표율을 기록한 지역에서 55퍼센트의 득표율로 당선됐다면 36명의 지지를 받았다는 얘기가 됩니다. 결국 지역 주민 중 약 3분의 2는 지지하지 않았다는 거지요. 그러니 지역구 국회의원이 지지자들만을 위해 일하는 건 정당하지 않습니다.

비례대표 의원의 경우도 비슷합니다. 22대 총선의 비례대표 의원을 보면 당시 여당인 국민의힘이 만든 위성 정당이 36.67퍼센트를 얻어 18명, 제1 야당인 더불어민주당과 진보당 등 야당들이 함께 만든 위성 정당이 26.69퍼센트를 얻어 14명의 비례대표 의원이 당선됐습니다. 위성 정당은 가장 큰 두 개의 정당이 비례대표 의원만을 당선시키기 위해 만든 것입니다. 이 비례대표 의원들은 선거 뒤에 국민의힘과 더불어민주당, 진보당, 기본소득당 등의 의원이 됐습니다. 조국혁신당은 24.25퍼센트를 얻어 12석, 개혁신당은 3.61퍼센트를 얻어 2석의 비례대표 의원이 당선됐습니다. 이를 투표율인 67퍼센트와 함께 계산하면 네 개 정당이 각각 유권자 전체의 24.56퍼센트, 17.88퍼센트, 16.2퍼센트, 2.4퍼센트의 지지를 얻었다는 얘기가 됩니다. 지역구 국회의원보다 훨씬 적은 지지를 얻었습니다. 그러니 이들이 자기 정당 지지자들만을 위해 일한다면 다수의 국민을 외면하는 겁니다.

국회의원 중에는 당선이 된 뒤에는 국민을 외면하고 정당의 일에만 열심인 사람이 많습니다. 다시 선거에 출마하려면 정당에서 공천을 받아야 하기 때문입니다. 공천은 정당에서 선거 출마자로 공식 추천하는 것입니다. 그런데 국민보다 정당을 더 중요하게 여기는 건 국회의원의 의무를 저버리는 것입니다. 그래서 국회의원 국민 소환제가 있으면 좋겠다는 생각이 듭니다. 국민 소환제는 지역구 국회의원이 지역 문제를 소홀히 하고 지역에 해를 끼치거나 국회의원으로서 해서는 안 되는 행동을 했을 때 소환해 주민들이 직접 파면할 수 있게 하는 제도입니다. 어떤 차량이 제조 과정에서 결함이 있었다고 밝혀지면 제조사가 해당 문제를 무상 수리해 주거나 부품이나 차량을 교체해 주는 리콜제처럼 말입니다.

의원에 대한 국민 소환제를 실시하는 국가가 있습니다. 영국 의회는 2014년에 유권자가 의원을 소환할 수 있는 법(Recall of MPs Act 2015)을 통과시켰고 2015년 3월 26일부터 시행하고 있습니다. 이 법에 따라 범죄를 저지른 의원은 소환의 대상이 되고 유권자 중 10퍼센트가 찬성하면 해당 의원은 의원직을 잃고 보궐선거로 새로운 의원을 뽑습니다.

우리나라에는 주민 소환제가 있습니다. 이는 지방 자치 단체 장과 지방 의회 의원을 소환하는 제도입니다. 국회의원을 소환 하는 제도가 아직 없는 이유는 국회의원은 항상 국민의 이익을 생각해야 하고 비난 받을 일을 저지르지 않아야 한다는 것이 상 식이기 때문입니다. 이런 상식을 어기는 국회의원은 자격이 없 고 스스로 결단을 내려야 한다는 의미입니다.

   3장. 어떻게 일하는 국회의원과 정당을 만들까

정당에게 보조금을
주는 이유

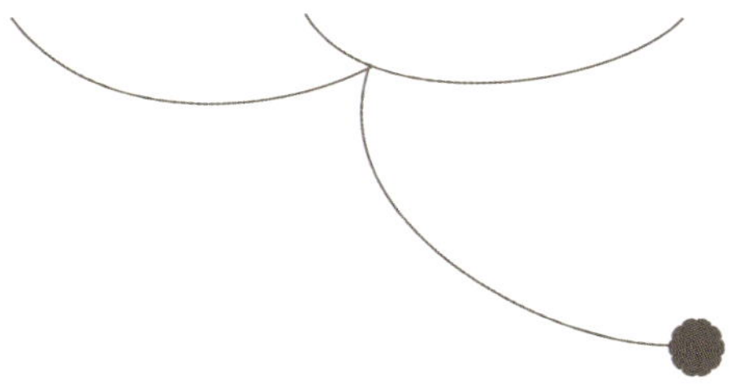

　민주주의 국가에서 가장 중요한 단체 중 하나가 정당입니다. 정당은 이념과 정책에 대한 생각이 비슷한 사람들이 모여 정치적 목표를 달성하기 위해 만드는 정치 조직입니다. 정당의 최종적인 목표는 정권을 잡는 것입니다. 다시 말해 대통령을 배출하고 정부를 구성해 정당이 원하는 이념과 정책을 실현하는 것입니다. 많은 국회의원을 당선시키는 것 또한 정당의 목표입니다. 그래야 정당의 이념을 반영한 법과 정책을 만들고 실행에 옮길 수 있으니까요. 대통령이든 국회의원이든 당선시키기 위해서는 결국 유권자의 지지를 받아야 합니다. 유권자의 지지를 받지 못하고 국회의원을 한 명도 배출하지 못한 정당은 제대로 활동을 할 수 없고 때로 사라지기도 합니다.

민주주의 국가에는 세 개 이상의 정당이 있는 다당제 국가도 있고 두 개 정당이 경쟁하는 양당제 국가도 있습니다. 우리나라, 일본, 유럽의 독일, 프랑스 등은 다당제를 채택하고 있고, 대표적인 양당제 국가로는 미국이 있습니다. 어느 제도가 더 좋다고 말할 수는 없습니다. 가장 중요한 건 제도가 아니라 그것이 얼마나 잘 작동하고 있는지이기 때문입니다.

정당은 민주주의에서 매우 중요한 역할을 합니다. 정당이 국민과 다양한 집단이 원하는 것을 확인하고 이를 정부 정책에 반영하는 역할을 하기 때문입니다. 자기 정당의 국회의원을 통해 국회에서 새로운 법을 만들거나 이미 존재하는 법을 개정하기도 합니다. 물론 이때는 자기 정당의 이념과 맞는지, 그리고 국민의 지지를 받을 수 있는지를 따져서 합니다. 그러므로 정당은 국민의 뜻을 반영해 민주주의가 잘 작동될 수 있게 합니다. 정당은 선거를 통해 국민의 목소리를 잘 듣고 정책과 법을 만드는 역할을 제대로 했는지 평가를 받습니다.

민주주의가 제대로 유지되기 위해서는 정당의 역할이 중요하기 때문에 국가는 정당에 보조금을 지급합니다. 「헌법」 제8조는 정당이 법률에 따라 국가의 보호를 받고 국가가 "정당 운영

선거의 공정한 관리, 정당 및 정치자금에 관한 사무를 처리하기 위하여
설치된 중앙선거관리위원회 모습.

에 필요한 자금을 보조할 수 있다"고 명시하고 있습니다. 보조금에는 '경상 보조금'과 '선거 보조금'이 있습니다. 경상 보조금은 정당 운영 등을 위해 분기별로 지급하는 것이고, 선거 보조금은 선거가 있는 해에 선거 비용을 지원하는 것입니다.

2024년 8월 중앙선거관리위원회는 8개 정당에 22대 국회에 첫 정당 경상 보조금을 지급했습니다. 국회의원이 170명인 더불어민주당이 가장 많은 56억 6,899만 원, 108명의 국회의원이

있는 국민의힘은 51억 9,967만 원을 받았습니다. 12명의 국회의
원이 있는 조국혁신당은 10억 7,326만 원, 3명에서 1명의 국회
의원이 있는 5개 정당도 3억 원 이상에서 865만 원 정도의 보
조금을 받았습니다.

22대 총선이 있었던 2024년에는 3월 25일에 선거 보조금이
지급됐습니다. 더불어민주당이 188억 8,128만 원을, 국민의힘
이 177억 2,361만 원을, 그리고 두 정당이 만든 위성 정당이 각
각 28억 원 이상을 받았습니다. 다른 7개 정당에도 30억 이상
에서 2,000만 원 이상의 보조금이 지급됐습니다. 정당을 운영
하고 선거를 치르기 위해서는 인건비와 사무비를 포함해 많은
자금이 필요하기 때문에 보조금을 지급하는 겁니다.

정당에 지급되는 보조금은 모두 국민이 낸 세금입니다. 자신
이 낸 세금이 자신이 지지하지 않는 정당에도 간다는 걸 생각하
면 기분이 나쁠 수도 있습니다. 그런데 정당 보조금은 정당이
아닌 민주주의를 위한 일종의 사회적 투자입니다. 투자금을 받
은 사람은 투자자의 이익을 위해 일할 의무가 있습니다. 정당도
마찬가지입니다. 정당이 국민이 낸 세금의 지원을 받는다면 이
는 정당이 자기 이념과 정책 실현을 위해 일하면서 동시에 반드
시 국민을 위해 일할 의무가 있음을 말해 줍니다. 정당이 자기

이익과 목표만 쫓는다면 국민을 배신하는 것이고 존재의 이유
가 없습니다.

'정치를 한다는 것'의 의미

2023년 7월 18일 서울의 한 초등학교 교사가 교내에서 사망하는 일이 발생했습니다. 동료 교사들의 증언으로 해당 교사가 오랫동안 한 학부모의 악성 민원에 시달렸음이 드러났습니다. 공개된 사망 2주 전의 일기장에는 "업무 폭탄"과 문제를 일으킨 학생 때문에 "다 버거워지고 놓고 싶다는 생각이 마구 들었다"고 적혀 있었습니다. 이 사건으로 교사들이 학부모들의 민원과 전화, 폭언과 협박에 시달리고 심지어 학생에게도 폭언과 폭행을 당한 많은 사례가 공개됐습니다. 교사의 사망 소식에 전국의 동료 교사들은 물론 대다수 국민이 슬퍼하고 분노했습니다. 또한 '교권 추락'에 대한 사회적 분노와 개선 필요성에 대

　　　　　3장. 어떻게 일하는 국회의원과 정당을 만들까

한 공감대가 형성됐습니다.

그런데 예상치 못한 곳에서 논란이 생겼습니다. 당시 여당인 국민의힘 소속 국회의원들은 갑자기 '학생 인권 조례'[1]가 교사 사망의 근본적인 원인이라고 주장했습니다. 학생 인권이 지나치게 강조되면서 교권이 급격하게 추락했고 공교육이 붕괴됐다는 것이었습니다. 하지만 이를 증명할 데이터는 제시하지 못했습니다. 여당과 국회의원들은 한발 더 나아가 학생 인권 조례를 만든 '좌파 교육감'들이 학교 교육을 비정상으로 만들었다고 주장했습니다. 이런 주장에 대해 여러 언론사가 학생 인권 조례와 교권 침해의 '인과관계' 내지 '상관관계'를 추적했으나 모두 확인할 수 없다는 결론을 냈습니다. 여당과 여당 국회의원들은 자신들의 주장을 철회하지 않았고 일부 지방 의회의 여당 의원들은 학생 인권 조례 폐지를 위한 법안을 발의했습니다. 그 결과 2024년 4월에 충남도 의회가, 6월에는 서울시 의회가 학생 인권 조례 폐지안을 통과시켰습니

1 학교 교육과정에서 학생들의 인권이 실현될 수 있도록, 학생들의 존엄과 가치 및 자유와 권리를 보장하기 위해 지방 각 교육청들이 제정한 조례, 즉 규칙이나 명령입니다. 경기도 교육청에서 가장 먼저 제정하였고, 이후 전국 교육청으로 확산되었습니다.

다. 이에 대해 충남도교육청과 서울시교육청이 대법원에 집행 정지 신청을 냈고 대법원이 이를 받아들였습니다. 그 결과 학생 인권 조례는 대법원의 최종 판결이 나오기 전인 2025년 8월 현재까지 여전히 유지되고 있습니다.

여당과 여당 국회의원들의 주장은 핵심을 벗어났고 문제 해결에 조금도 도움이 되지 않았습니다. 학생 인권 조례가 교권 추락의 원인이라는 것도 근거가 없지만 교권을 위해 학생 인권을 보장해서는 안 된다는 건 더 이해할 수 없는 주장이었습니다. 교사들도 이런 주장에 동의하지 않았습니다. 학생 인권 조례에 악용될 수 있는 내용이 있다면 개정을 하면 될 일입니다. 여당과 여당 국회의원들이 그런 주장을 한 이유는 뜬금없이 등장한 '좌파 교육감'이라는 단어에서 찾을 수 있었습니다. 여당은 한 교사의 죽음을 이용해 눈엣가시인 진보 성향 교육감과 교사 단체, 그리고 야당까지 여론의 심판을 받게 하려고 했던 겁니다. 이것은 사망한 교사의 죽음을 모욕하고 전국의 학생과 학교를 더 혼란에 빠뜨린 행동이었습니다. 국민을 위한 것도 아니었고 자기 당의 이익만을 위한 매우 이기적이고 정치 윤리를 저버린 행동이었습니다.

국회의원들은 국민의 뜻과 요구를 외면할 뿐 아니라, 자기 이익과 경쟁하는 상대를 압박하기 위해 무리한 주장을 하기도 합니다. 어쩌다 한 번이 아니라 자주 그런다는 점에서 문제는 더욱 심각합니다. 한마디로 제대로 된 정치를 하지 않고 싸움에만 몰두하고 그 싸움마저도 정정당당하게 하지 않을 때가 많다는 겁니다.

2025년 3월 21부터 30일까지 경북과 경남 지역에 대규모 산불이 발생했습니다. 이로 인해 서울시 면적의 80퍼센트 정도에 달하는 4만 8,000헥타르가 넘는 지역이 피해를 입었습니다. 인명 피해 수준도 최악이어서 사망자 30명과 부상자 45명이 발생했습니다. 또 3,000채 이상의 주택이 피해를 입었습니다. 가족, 주택, 농작물, 가축, 농기계 등을 잃은 사람들에게 신속한 지원이 절실한 때였습니다. 그런데 이런 상황에서 여당과 제1 야당은 예비비[2] 지출을 놓고 각자의 주장을 하며 서로를 공격했습니다. 여당은 야당이 2025년도 예비비를 깎았기 때문에 쓸 수 있는 예산이 충분하지 않다고 했고, 야당은 예비비가 깎였어도 당장 지출할 수 있는 예비비는 충분하다고 맞받았습니다. 여당

2 정부에서 예산을 편성할 때에 예측하기 어려운 일이 발생하거나 예산이 부족할 때 쓰려고 별도로 갖추어 두는 비용입니다.

은 예비비를 추가로 편성하는 추경을 주장했고, 야당은 이전에 예비비가 엉뚱한 곳에 쓰였기 때문에 산불에만 쓰이는 것으로 하지 않는 한 추경을 할 수는 없다고 했습니다. 당시 두 당은 윤석열 탄핵 심판을 둘러싸고 첨예한 신경전을 벌이고 있었기 때문에 더 강하게 대립했습니다. 그런데 당장 예비비를 지출해 피해자들을 지원해야 한다는 데는 모두 동의했기 때문에 빨리 타협안을 찾을 수 있는 상황이었습니다. 그렇지만 두 정당과 국회의원들은 서로를 공격하느라 시간을 허비했습니다. 이러는 사이 피해자들의 속은 타들어 갔습니다.

사전적 의미로 정치란 사회 구성원들의 다양한 이해관계를 조정하거나 통제하고 국가의 정책과 목적을 실현하는 일을 말합니다. 그런데 정당과 국회의원 들은 국민들 사이 생긴 싸움이나 갈등을 조정하거나 조율하기는커녕 자기들 문제도 대화로 해결하지 못하는 경우가 비일비재합니다. 그래서 '정치가 실종됐다'거나 '정치 싸움에 몰두한다'는 비판을 받을 때가 많습니다. 이런 이유로 정당 보조금과 국회의원들에게 주는 급료가 아깝다고 말하는 사람이 많습니다. 참으로 부끄러운 일이고 국민에게 미안하게 생각해야 할 일입니다.

유권자도 지켜야 할
의무와 책임이 있다

정당과 국회의원은 유권자의 지지가 있어야 존재할 수 있습니다. 정당에 대한 지지를 보면 보수 성향과 진보 성향 정당에 대한 지지가 각각 35퍼센트 정도고 나머지 30퍼센트 정도는 중도층 또는 어떤 당도 지지하지 않는 무당층입니다. 이런 지지도는 대통령, 국회의원, 지방자치단체장 등을 뽑는 모든 선거에 영향을 미칩니다.

우리나라는 형식적으로는 다당제이지만 보수 이념과 진보 이념을 대변하는 두 개 정당이 국회를 장악하고 있어서 실제로는 양당제처럼 되어 있습니다. 두 개 정당은 서로 다른 이념 때문에 항상 대립합니다. 이념은 이상적으로 여기는 생각이나 견해를 말합니다. 이념은 정당을 만들고 정치를 하는 데 있어서 중요하지만 지나치게 이념만을 중요시하면 국민의 이익이 아니라 정당의 이익만 생각하는 정치를 하게 됩니다. 국회의원들도 마찬가지입니다. 바람직한 정치와 공존이 이뤄지는 사회를 위해 정당과 국회의원은 자기 이념을 국민에게 강요하지 않아야 하고 이념을 이용해 국민을 현혹하지도 않아야 합니다. 무엇보다 이념을 앞세워서 국민의 안전과 행복을 위협하지 않아야 합니다.

정당과 국회의원이 이념을 강조하는 건 지지자들이 원하기 때문이기도 합니다. 그러므로 지지자들은 지지하는 정당에 자기 이념만 강조하고 다른 이념을 적대적으로 대할 것을 요구해서는 안 됩니다. 지지자들의 압박이 크면 보수 정당이 극우 정당으로 변하고 진보 정당이 극좌 정당으로 변하는 위험한 일이 생길 수 있습니다. 보수 이념이든 진보 이념이든 결국 국민과 사회의 안전, 행복, 발전을 위해 존재하는 것입니다.

정당과 국회의원 지지자 중에는 극단적이고 공격적인 입장을 가진 사람들이 있습니다. 그들은 자기 정당의 이념과 정책에 반대하는 사람들은 없애 버려야 한다고까지 주장합니다. 그래야 좋은 사회가 된다는 겁니다. 우리 사회에서 이런 사람들은 소수입니다. 하지만 때로 정당과 국회의원은 이런 사람들의 목소리에 민감하게 반응하거나 더 나아가 이들에게 의존하기도 합니다. 자신들이 정치를 계속하기 위해서는 그들의 지지가 반드시 필요하다고 생각하기 때문입니다. 그런데 이런 극단적인 주장은 정치와 사회를 무너뜨리고 국민 전체를 위험에 빠뜨릴 수 있습니다. 그러므로 제대로 된 정당과 국회의원이라면 아무리 지지자라 할지라도 극단적인 주장을 하는 사람들을 경계하고 그런 주장을 하지 못하게 말려야 합니다. 또 제대로 된 유권자와 지지자라면 극단적인 주장으로 정당과 정치인을 압박하지 않아야 합니다. 나아가 지지하는 정당과 국회의원이 극단적인 주장을 하는지 감시해야 합니다.

12·3 비상계엄 뒤부터 헌법 재판소의 윤석열 탄핵 심판 때까지 극단적인 주장이 난무했습니다. 탄핵을 반대하는 사람들은 온갖 혐오와 증오, 공격과 협박의 말을 쏟아냈습니다. 이들은 생각이 다른 국민은 물론 경찰, 판사, 헌법 재판관 등을 공격했습니다. 이는 법치주의를 부정하고 물리적 폭력을 선동하는 매우 위험한 행동이었습니다. 문제는 이런 주장에 많은 여당 국회의원이 동조했다는 겁니다.

누구보다 법을 준수하고 폭력을 막아야 할 국회의원들이 법치주의를 부정하고 폭력적이고 위협적인 말까지 쏟아냈습니다. 이들은 윤석열 극렬 지지자들이 서울 서부 지방 법원을 공격했을 때 오히려 이들을 막느라 부상까지 당한 경찰에 책임을 추궁했습니다. 극렬 지지자들의 집회에 참석한 한 의원은 "고위공직자범죄수사처(약칭 '공수처'), 중앙선거관리위원회, 헌법재판소는 불법과 파행을 자행해 왔다. 모두 때려 부숴야 한다. 쳐부수자"라고 말했습니다. 이는 전혀 근거가 없을 뿐 아니라 법치주의와 민주주의를 부정하는 말이었습니다. 오로지 극렬 지지자들의 비위를 맞추기 위해 넘어서는 안 되는 선을 넘었습니다. 그러나 매우 유감스럽게도 여당 지지자들은 이들이 극우 성향의 사람들과 결탁하고 법치주의를 부정하는 말을 하는 것을 막지도 비판하지도 않았습니다. 감시 역할을 하지 않았던 겁니다.

정당과 국회의원 들은 '불법', '위헌', '반헌법' 같은 말로 상대를 공격하곤 합니다. 그런데 정당과 국회의원, 그리고 국회가 하는 모든 결정과 일은 법에 따라 이뤄집니다. 법을 따르지 않고는 아무 일도 할 수 없습니다. 법이 완벽하지 않기 때문에 간혹 해석에 차이가 있을 수 있습니다. 그런 경우에도 결국 법적 절차에 따라 정리됩니다.

그렇다면 왜 그런 극단적이고 공격적인 말을 하는 걸까요? 이유는 국민과 지지자에게 호소하기 위해서입니다. 자신들이 하는 정치, 그리고 주장, 결정, 정책이 정당하다는 걸 말하려는 겁니다. 하지만 꼭 그런 말로 상대를 공격해야 하는 걸까요? 정치는 그런 걸까요? 그런 정치가 바람직한 걸까요? 절대 그렇지 않습니다. 오히려 그건 정치를 잘 못한다는 걸 보여 주는 겁니다.

정당과 국회의원 들이 공격적인 말을 반복하는 이유는 지지자들의 비판과 따끔한 충고가 없기 때문이기도 합니다. 정당과 국회의원이 지켜야 할 의무와 책임이 있는 것처럼, 유권자 또는 지지자 들도 정당과 국회의원 들이 바람직한 정치를 하도록 감시할 책임이 있습니다. 그러지 않으면 유권자 자신과 전체 국민, 그리고 우리 사회가 피해를 입습니다.

고위 공직자와 정부는 제대로 일하는 걸까

대통령도 공무원이다

    고위 공직자는 국가 기관이나 공공 단체의 일을 하는 사람 중 지위가 높은 사람을 의미합니다. 우리나라의 최고 지도자인 대통령도 고위 공직자 중 하나입니다. 대통령은 외국과의 관계에서 국가를 대표하고 행정부, 그러니까 정부를 구성하고 운영하는 권한을 가진 사람입니다. 대통령은 국군 통수권을 가지고 있고 유죄 판결을 받고 교도소에 수감된 수형자에 대한 사면, 감형, 복권을 명할 수도 있습니다. 대통령에게는 특권도 주어집니다. 범죄 혐의가 있어도 재직 중에는 기소되지 않는 겁니다. 이렇게 막강한 권한을 가지고 특권까지 누리는 사람은 대통령 외에 아무도 없습니다. 대통령에게 이런 권한과 특권을 부여하는 이유는 그가 특별해서가 아닙니다. 안정적으로 국가를 운영할 수 있게 하고 그럼으로써 국가가 혼란에 빠지는 걸 막기 위해서 입니다.

대통령이 막강한 권한과 특권을 가지고 있다고 해서 법 위에 군림하는 건 아닙니다. 민주주의 국가에 그럴 수 있는 사람은 아무도 없습니다. 대통령이 가지는 권한과 특권은 모두 법에 따라 행사됩니다. 정부를 구성하기 위해 장관을 임명할 때도, 군을 통수할 때도, 사면과 복권을 명령할 때도 모두 정해진 법에 따른 절차를 거쳐야 합니다.

대통령은 형사 사건에 대해서는 기소되지 않지만 「헌법」 제84조에 쓰여 있는 대로 "내란 또는 외환의 죄"를 범한 경우에는 기소될 수 있습니다. 내란은 국가 안에서 정권을 차지하거나 강화하기 위해 폭동을 일으키고 「헌법」을 파괴하는 행위를 말합니다. 외환은 외국과의 관계를 악용해 국가의 존재를 위협하는 행위를 말합니다. 대통령은 「헌법」과 다른 법에 명시되어 있지 않은 일들에 대해서는 마땅히 따라야 할 정치 규범과 국민의 뜻을 고려해야 합니다. 국민을 위한 정치를 해야 하고 정책을 조율하기 위해 야당과 협조하면서 국가를 위기에 빠뜨리지 않아야 합니다. 사면이나 복권을 명할 때도 국민의 여론과 사회적

제21대 대통령 선거 벽보의 모습.

이익을 고려해야 합니다. 법과 마땅히 따라야 할 정치 사회 규범을 따르지 않는 대통령은 독재자가 될 가능성이 있습니다.

우리 주변에는 많은 공무원이 있습니다. 공무원은 국민을 위해 일할 의무가 있습니다. 이런 이유로 공무원의 급료는 국민으로부터 걷은 세금으로 지급됩니다. 대통령도 이런 공무원 중 하나입니다. 특별한 지위를 가지긴 하지만 기본적으로 국민을 위해 일할 의무가 있는 사람인 것입니다. 공무원이기 때문에 대통

4장. 고위 공직자와 정부는 제대로 일하는 걸까

령은 자기 이념이나 소속된 정당의 이익보다 전체 국민을 위해 일해야 합니다. 보수 또는 진보 이념에 따른 정책을 추진할 때도 기본적으로 국민 전체의 이익을 해치지 않아야 합니다.

대통령은 선거를 통해 국민이 뽑습니다. 그래서 대통령이 되려는 사람은 선거 운동을 하는 동안 유권자의 지지를 얻기 위해 애를 쓰고 유권자는 자신과 국가의 이익을 따져 가장 나은 사람을 뽑습니다. 그런데 대통령이 취임하고 새로운 정부가 출범한 뒤에는 상황이 변하곤 합니다. 독선적으로 변하고 자기 주변 사람의 이익을 챙기는 데만 급급해 권력을 남용하고 자기 권력을 강화하는 데만 관심을 쏟기도 합니다. 이런 경우 당연히 지지율은 하락합니다. 이때 대통령이 잘못을 성찰하고 국민의 뜻을 헤아리기 위해 노력하면 그나마 다행인데 끝까지 국민의 평가를 무시하는 경우도 있습니다. 이를 통해 대통령의 책임과 무책임, 유능과 무능, 상식과 비상식이 판가름 납니다. 이런 건 법으로 정해진 것이 없으므로 반드시 국민이 눈을 부릅뜨고 감시해야 합니다. 그리고 잘못을 저지르거나 중대한 실수를 하면 그에 따른 책임을 지게 해야 합니다.

그런데 대통령을 좋아하는 연예인처럼 떠받드는 사람들이 있습니다. 이들은 팬클럽을 만들고 무조건 대통령을 지지하는데 이런 사람들을 '콘크리트 지지층'이라 부릅니다. 콘크리트처럼 단단한 지지를 유지하면서 대통령을 지키겠다고 하는 사람들입니다. 이런 사람들은 대통령이 큰 잘못을 저질러도 두둔합니다. 「헌법」을 위반해 탄핵을 당한 박근혜와 윤석열에게도 이런 콘크리트 지지층이 있었습니다.

누구를 좋아하고 싫어하는 건 개인적인 일입니다. 그러나 독재나 범죄를 저지른 사람을 지지하는 건 다른 문제입니다. 더구나 그들이 국민의 삶과 국가의 운명을 좌우할 수 있는 대통령일 때는 더욱 용납될 수 없는 문제입니다. 독재자 또는 권력자에 대한 무조건적인 지지는 국민과 국가에 피해를 주고, 민주주의를 후퇴시킵니다. 대통령은 감시와 평가의 대상이지 숭배와 찬양의 대상이 아닙니다. 그러니 무조건적으로 대통령을 지지하는 사람들은 민주주의 국가 국민의 권리와 의무를 저버린 사람들이고 민주시민이라 할 수 없습니다.

공직자가 복종해야 할 때와 하지 않아야 할 때

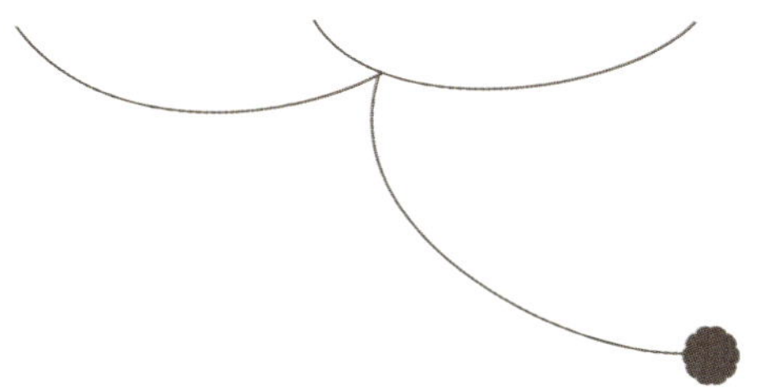

　2020년 5월 25일 미국의 미니애폴리스에서 조지 플로이드라는 흑인 남성이 백인 경찰에 의해 사망했습니다. 경찰은 플로이드가 위조지폐를 사용했다는 가게 주인의 신고를 받고 그를 체포했습니다. 체포하는 과정에서 한 경찰은 플로이드에게 총을 겨누고 바닥에 얼굴을 대고 엎드리게 한 후 무릎으로 플로이드의 목을 9분 동안이나 압박했습니다. 다른 세 명의 경찰도 이를 도왔습니다. 결국 플로이드는 질식해 사망했습니다. 이 사건으로 그동안 흑인이 경찰의 과잉 진압으로 사망한 사건들이 재조명됐고 2013년 시작된 '블랙 라이브스 매터(Black Lives Matter)', 즉 '흑인의 생명도 소중하다' 시위가 미국 전역으로 확산했습니다. 시위의 규모는 갈수록 커졌습니다. 대부분의 시위는 평화적이었지만 일부 시위자들은 파괴, 방화, 약탈 등을 저지르기도 했습니다.

2020년 6월 1일 도널드 트럼프 미국 대통령은 확산하는 시위를 진압하기 위해 「폭동 진압법」을 발동할 수 있다고 했습니다. 1807년에 제정되고 2006년에 개정된 이 법은 폭동, 자연재해, 테러 공격 등의 비상 상황에서 대통령에게 군대를 파견할 수 있는 권한을 부여하고 있습니다. 트럼프 대통령은 주지사들과 시장들에게 빨리 시위를 진압하라며 이런 계획을 밝혔습니다. 그런데 이틀 후 마크 에스퍼 국방장관은 기자 브리핑에서 "군대 투입은 최후의 수단이 되어야 하고 가장 긴박하고 극단적인 경우에만 가능하다"며 대통령의 계획에 공개적으로 반대 의견을 밝혔습니다. 그는 "우리는 현재 그런 상황에 처해 있지 않다"며 "「폭동 진압법」 발동을 지지하지 않는다"고 했습니다. 함부로 군대를 동원해서는 안 된다는 원칙을 분명히 한 것입니다. 그는 공개적으로 반대 의견을 표시하면 대통령이 자신을 해임할 수도 있다는 걸 알았지만 원칙을 고수했습니다.

고위 공직자는 원칙에 따라 일해야 합니다. 고위 공직자에게 가장 중요한 원칙은 국민을 위해 일하고 국민의 안전을 지키는 것입니다. 만일 미국 국방장관이 군대 파견에 동의하고 실제 군대가 파견됐다면 비극적인 일이 발생했을 겁니다. 이 일은 매우 씁쓸하게도 윤석열이 비상계엄을 선포했을 때 무조건 명령에 복종했던 여러 고위 공직자들과 군 지휘관들을 생각나게 합니다.

고위 공직자는 대부분 대통령이 임명합니다. 대통령은 자신과 이념이 비슷하고 신뢰하는 사람을 장관, 차관, 기타 많은 국가 기관의 수장으로 임명합니다. 때로는 여당 국회의원을 장관으로 임명하기도 합니다. 이런 경우 고위 공직자가 대통령과 정부 정책에 적극적으로 협력할 가능성은 높지만 대통령의 명령을 무조건 따르는 심각한 부작용이 생길 수 있습니다. 또한 국회의원이 장관을 겸직하면 국회의원으로 일할 수 없으므로 바람직하지 않다는 전문가들의 비판이 있지만 이런 일은 사라지지 않고 있습니다.

대통령이 임명한다고 해서 고위 공직자들이 대통령에게 충성해야 하는 건 아닙니다. 오히려 해당 분야에 대한 전문성을 인정받아 임명됐으니 전문적인 지식과 판단으로 정부 부처와 국가 기관을 운영할 의무가 있습니다. 필요하다면 부처와 기관 차원의 정보와 판단을 가지고 대통령에게 충언을 하고 이견도

표명해야 합니다. 그런데 우리 정부에서는 이런 일이 거의 일어나지 않습니다. 대통령에게 충성하고 대통령의 말을 거스르지 않는 것을 고위 공직자의 의무로 착각하는 사람들이 많습니다.

2023년 1월 통일부는 대북 확성기 방송과 대북 전단 살포 재개를 검토하겠다고 했습니다. 이는 윤석열 대통령의 지시에 따른 것이었습니다. 그러자 남북 관계를 잘 관리하고 남북 대결을 완화할 임무가 있는 통일부가 남북의 '강 대 강' 대결을 부추긴다는 비판이 일었습니다. 통일부 장관은 대통령을 설득할 임무가 있었지만 오히려 대통령의 강경 대응에 맞장구를 쳤습니다. 결국 대북 확성기 방송은 2024년 6월 재개됐고 북한도 이에 맞서 7월에 대남 확성기 방송을 재개했습니다. 그 결과 비무장 지대와 접경 지역에 사는 주민들은 극심한 소음 공해에 시달렸고 정신적 고통까지 겪었습니다. 제 일을 하지 않는 정부 부처와 고위 공직자 때문에 국민들이 피해를 본 겁니다.

정부는
왜 필요한가

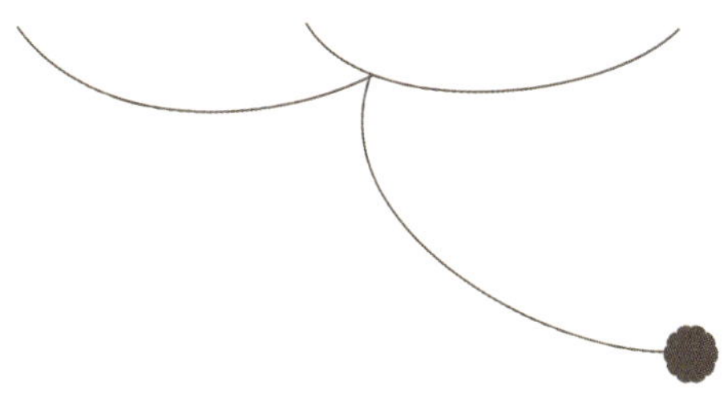

2024년 2월 6일 보건복지부가 2025년부터 의과대학 정원을 2,000명 늘리겠다고 발표했습니다. 의사 수를 늘려야 한다는 얘기는 오래전부터 있었지만 정부의 발표는 아주 갑작스러운 것이었습니다. 바로 다음 날 의사협회는 반대 입장을 발표했고 10일이 지난 뒤에는 한국에서 제일 큰 병원 다섯 곳의 전공의[1]들이 사직서 제출을 결정했습니다. 며칠 지나지 않아 실제로 전국 주요 병원의 전공의들이 병원을 떠났고 병원은 혼란에 빠졌습

1 전문의 자격을 얻기 위하여 병원에서 일정 기간의 임상 수련을 하고 있는 의사로, 인턴과 레지던트를 이르는 말입니다.

니다. 그뿐 아니라 의과대학 학생들이 휴학계를 제출하면서 전국 의과대학도 마비됐습니다.

의료계의 반발에도 정부는 강경한 태도를 바꾸지 않았습니다. 3월에는 의과대학 교수들이 집단 사직서를 제출했고 병원은 단축 진료를 실시했습니다. 의사, 전공의, 의대생 모두 정부의 일방적 결정, 명확한 근거 없는 의과대학 학생 증원 숫자, 그리고 의사를 돈만 아는 부도덕한 직업인으로 묘사한 정부 태도에 분노했습니다. 정부와 의료계 사이의 갈등은 극에 달했고 의료 체계가 무너졌습니다. 하지만 정부는 무책임과 무능력만 보여 줬습니다. 문제를 해결하지 못한 채 윤석열은 12·3 비상계엄을 통해 의사와 전공의에게 당장 복귀하지 않으면 "처단한다"고 협박했습니다.

병원에 치료할 의사가 줄면서 입원 환자들은 물론 전 국민이 피해를 입었습니다. 응급실에 치료할 의사가 부족해서 몇 시간 동안 응급실을 찾다 길 위에서 목숨을 잃은 사람들 소식이 이어졌습니다. 2024년 당시 의료 선진국이라는 한국에서 상상할 수 없는 일이 일어났습니다. 이런 상황은 국회에서 윤석열이 탄핵되고 새학기 시작 전에 교육부가 2,000명 증원 계획을 사실상 취소하면서 조금 나아지는 듯했습니다. 그러나 한번 무너진 의료 체계는 쉽게 정상화되지 못합니다. '의료 대란'이라 불린 이 일은 협의 없는 대통령의 일방적 결정, 그에 복종한 보건복지부와 교육부의 합작품이었습니다. 국민들은 정부가 왜 존재하는지에 대해 의문을 가질 수밖에 없었습니다.

의과대학 정원을 증원하는 일은 문재인 정부에서도 추진됐습니다. 코로나19 상황이 진행 중이던 2020년 7월 정부는 2022년부터 매년 400명씩 10년 동안 4,000명을 증원하는 방안을 내놓았습니다. 또 공공 의료를 확대하기 위해 국립 공공 보건 의료 대학을 설립하기로 했습니다. 코로나19라는 팬데믹 상황에서 의료 인력 충원과 공공 의료 강화가 더 절실해졌기 때문입니다. 그러나 의사 집단의 반발로 결국 계획을 철회했습니다. 코로나19 상황 때문에 어쩔 수 없었다고 하지만 의사 집단의 반발을 예상하면서도 제대로 소통하지 않은 이유가 컸다고 할 수 있습니다.

의료 개혁은 우리 사회의 큰 숙제입니다. 의사 숫자가 부족하고, 특히 생명과 관련된 긴급한 처치와 치료를 위해 반드시 필요한 산부인과, 외과, 응급의학과, 소아청소년과 등의 분야에는 의사가 턱없이 부족합니다. 또 지방 병원은 의사를 구하기가 힘들고 공적 자금으로 운영하는 공공 보건 의료 시설도 너무 부족합니다. 하지만 의료 문제를 개선하려는 정부의 시도는 연속 실패했습니다. 의사들이 의사가 많아지면 자신들의 존재감이 하락하고 경쟁이 심해져 불이익이 생길 거라고 생각해 강하게 반발했기 때문입니다. 하지만 대다수 국민은 의과대학 학생 증원에 찬성했습니다.

상황이 이렇다면 정부는 정책을 추진할 때에 의사 집단과 꾸준히 소통했어야 합니다. 증원의 필요성을 적극 설명하고, 의사들의 협조를 얻을 수 있는 정책을 제안했어야 합니다. 의사 집단뿐 아니라 국민들과도 여러 방식으로 문제를 논의했어야 합니다. 그런데 정부는 의사 집단이 반발할 것을 뻔히 알면서도, 그리고 국민들이 피해를 볼 수 있다는 걸 알면서도 일방적으로 의대 증원 계획을 발표했습니다.

2024년의 경우엔 이전보다 훨씬 상황이 심각했습니다. 의료 체계의 붕괴가 현실이 되었기 때문입니다. 이런 가운데 문제를 바로잡을 여러 번의 기회가 있었고 많은 국민, 언론, 전문가의 지적이 있었습니다. 하지만 정부는 자기주장만 되풀이하며 고집을 꺾지 않았고 누구를 위한 정부인지 국민의 의문은 커졌습니다.

때로 결정권을 가진 고위 공직자들은 마치 다른 세계에 사는 사람들 같습니다. 그들의 결정 하나하나 때문에 많은 사람이 어려움을 겪거나 심지어 생계에 위협을 받고 목숨을 잃을 위기에 처합니다. 그런데 공직자들 중에는 자신들의 결정 때문에 국민이 겪는 어려움에 공감하지 못하는 이들이 많습니다. 또 많은 국민과 언론이 일일이 문제를 지적하며 아우성을 쳐도 '잘 몰라서 그런다'든가 '시간이 지나면 괜찮아질 것'이라며 문제가 되는 정책을 고집하기도 합니다. 억지로라도 밀어붙여서 자기 업적을 쌓으려는 사심을 가진 사람들도 있습니다. 그런데 이렇게 귀를 막고 고집만 부리는 사람들은 고위 공직자 자격이 없는 사람들입니다. 국민을 위해 일할 생각이 없으니까요.

국민이 잘 감시하지 않는다면

　　2025년 2월 6일 산업통상자원부는 '대왕고래 프로젝트'로 이름 붙여진 심해 석유·가스 시추 탐사가 실패했다고 공식 발표했습니다. 약간의 석유·가스가 매장되어 있을 수 있지만 막대한 돈을 들여 시추할 만큼 경제성[1]이 있지는 않다고 했습니다. 시추는 지하자원을 탐사하거나 지층 구조나 상태를 조사하기 위하여 땅속 깊이 구멍을 파는 일입니다. 석유 시추라고 하면 석유가 매장되어 있을 것으로 예상되는 심해 바닥을 뚫어서 석유를 채취하는 것을 말합니다.

[1] 재물이나 자원, 노력, 시간 따위를 들인 것에 비해 얻는 이득이 큰 성질을 말합니다.

2024년 6월 3일 당시 대통령이었던 윤석열은 "경북 영일만에 최대 140억 배럴의 석유·가스가 매장되어 있을 가능성이 매우 높다"고 발표했습니다. 곧이어 산업통상자원부 장관은 "매장 가치가 삼성전자 시가 총액의 5배(약 2,200조 원) 수준"이라고 설명했습니다. 이 발표에 일부 국민은 희망을 품었지만 대다수의 국민은 의구심을 드러냈습니다. 석유·가스 탐사는 경제성이 중요한데 탐사를 해 보지도 않고 발표부터 했으니 말입니다. 그래서 당시 지지율이 최저치로 떨어졌던 대통령이 지지율을 끌어올리기 위해 제대로 된 검증 없이 발표를 했다고 의심하는 사람이 많았습니다. 실무를 하는 산업통상자원부나 석유공사를 제치고 대통령이 직접 발표했기 때문에 사람들은 더욱 의구심을 품었습니다.

결국 많은 국민이 우려했던 것처럼 대왕고래 프로젝트는 없던 일이 됐고 대통령의 발표는 성급했던 것으로 드러났습니다. 산업통상자원부는 대통령의 발표에 정치적 판단이 개입됐음을 시인했습니다. 그리고 주식 시장에 대한 영향과 피해를 생각해 실패했음을 밝히게 됐다고 설명했습니다.

정부는 국민의 삶에 큰 영향을 미치는 일을 신중함과는 거리가 먼 방식으로, 그리고 투명하지 않은 과정을 통해 결정하곤 합니다. 정부의 결정은 곧 대통령을 포함한 고위 공직자들의 결정입니다. 이런 결정은 법적으로 문제가 되지는 않습니다. 대통령은 법적으로 부여받은 권한에 따라 정부를 구성하고 대통령이 임명한 고위 공직자들 또한 법에 따라 일을 하는 것이니까요. 그러나 정부와 고위 공직자들이 하는 모든 일과 결정은 반드시 국가와 국민을 위한 것이어야 한다는 전제가 있습니다. 만일 그러지 않고 정당이나 개인의 정치적 이익을 먼저 생각한다면 정당하지 않을뿐더러 국민을 설득할 수 없습니다. 특히 어떤 결정으로 특정 지역의 국민이 피해를 입을 것이 예상된다면 더욱 신중을 기하고 투명한 절차를 통해 국민을 설득하는 과정을 거쳐야 합니다. 그러지 않는다면 법적으로는 문제가 없지만 민주적이지 않고 주권자인 국민을 무시하는 것입니다. 정부와 고위 공직자들이 자기 의무를 저버리는 행위입니다.

민주주의가 성숙한 국가일수록 논란이 될 수 있는 결정을 할 때 국민의 목소리에 귀를 기울입니다. 다양한 방식으로 국민의 의견을 듣고 국민에게 결정에 참여할 기회를 주기도 합니다. 그런데 매우 유감스럽게도 우리 사회는 아직 이런 방식이 활발하게 작동하지 않고 있습니다.

'혈세'라는 말을 들어 봤을 겁니다. 피를 짜내듯 국민이 힘들

게 낸 세금이란 뜻입니다. 정부는 이런 '혈세'로 운영되고 고위 공직자들은 급료를 받습니다. 보통 부자는 세금을 많이 내고 가난한 사람은 적게 냅니다. 그러나 한 가지 분명한 건 차이는 있지만 경제 활동에 참여하는 모든 사람이 세금을 낸다는 겁니다. 일을 하지 않아도 소비를 통해 어린이와 청소년도 세금을 냅니다. 과자나 학용품, 옷 같은 물품의 가격에는 세금이 포함되어 있으니까요.

세금을 납부하는 것은 국민의 의무입니다. 우리가 이 의무를 받아들이는 이유는 세금으로 정부가 운영되고 그로 인해 우리의 안전과 삶의 질이 보장되기 때문입니다. 그런데 정부와 고위 공직자들이 세금을 써서 국민의 안전과 삶의 질을 해치는 결정을 한다면 이는 매우 잘못된 일입니다. 하지만 현실에서는 이런 잘못된 일이 자주 일어나고 정부와 고위 공직자들은 법적으로 문제가 없다며 잘못을 시인하지 않습니다.

민주시민이 해야 할 가장 중요한 일 중 하나는 정부와 고위 공직자들의 결정을 감시하는 것입니다. 세금을 내는 의무가 있는 것처럼 세금이 민주주의 유지와 주권자인 국민을 위해 제대로 쓰이는지 감시할 책임이 있습니다.

군과 경찰은 왜 필요할까

5장

군이 봉사해야 할 대상

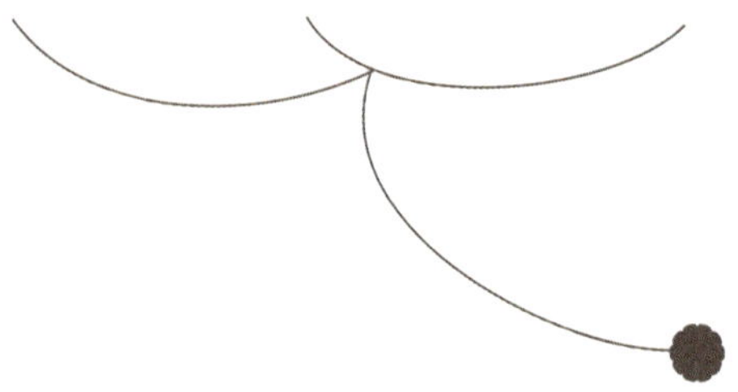

2024년 12월 10일 국회에서는 국방위원회가 열렸습니다. 이 날의 풍경은 무척 이색적이었습니다. 육군참모총장을 포함해 군복을 입은 50명 정도의 군 지휘관들이 회의장에 앉아 있었기 때문입니다. 군 지휘관들이 이 자리에 출석한 이유는 12월 3일 비상계엄 선포와 관련해 어떤 일을 했는지 증언하기 위해서였습니다.

비상계엄은 병력을 동원해 국가 비상 상황을 통제하고 사회 질서를 복원하기 위해서 선포되는데 12·3 비상계엄은 이와는 전혀 관련이 없었습니다. 2025년 4월 4일 헌법 재판소는 윤석열 파면 결정문에서 이 점을 확실하게 짚었습니다. 어쨌든 계엄에는 반드시 군이 관련되기 때문에 국방위원회가 군 지휘관들을 불러 상세한 내용을 확인할 필요가 있었던 겁니다.

국방위원회에 출석한 군 지휘관들은 비상계엄이 선포될 걸 몰랐다고 말했습니다. 심지어 계엄사령관으로 임명됐던 육군참모총장조차 몰랐다고 주장했습니다. 하지만 이런 주장은 후에 거짓말로 드러났습니다. 일부 군 지휘관들은 대통령이 선포했기 때문에 비상계엄이 「헌법」을 위반한 것인지 따져 보지도 않았다고 했습니다. 군인은 당연히 통수권자인 대통령의 명령을 따를 수밖에 없다고 주장했습니다. 참으로 무책임한 답변이었습니다. 이날 참석한 지휘관 중 최고위 지휘관 여러 명이 뒤에 내란 혐의로 재판에 넘겨졌습니다.

지금 시대에도 세계 곳곳에서 군이 쿠데타를 일으키거나 반란군이 정부를 무너뜨리는 일이 벌어집니다. 대통령이 적대적인 집단을 제거하고 자기 권력을 강화하기 위해 군대를 사병처럼 쓰기도 합니다. 우리는 12·3 비상계엄이 있기 전까지 이런 일은 민주주의가 정착되지 않고 법이 제대로 지켜지지 않는 불안한 국가에서나 있는 일이라고 생각했습니다. 그런데 민주주의가 정착되고 법을 지키는 것이 상식인 한국에서 비상계엄이 선포됐던 겁니다.

하지만 생각해 보면 우리도 쿠데타를 겪은 국가입니다. 1961년 5월 16일에 당시 육군 소장이었던 박정희가 군사 쿠데타를 일으켰고, 1979년 12월 12일 전두환과 노태우를 중심으로 한 군인들이 다시 쿠데타를 일으켰습니다. 이들의 목적은 다른 국가의 쿠데타처럼 무력으로 정부를 무너뜨리고 정권을 잡는 것이었습니다. 이런 군사 쿠데타를 겪었기 때문에 1987년 개정된 우리 「헌법」은 제5조 2항에서 국군의 "정치적 중립성은 준수된다"며 군의 중립성 의무를 명확히 했습니다. 그런데 12·3 비상계엄이 있던 날 군은 이런 의무를 저버렸습니다. 비상 상황이 아닌데도 「헌법」을 어기면서 자기 권력을 강화하기 위해 친위 쿠데타를 일으킨 대통령의 명령에 복종했던 겁니다.

군 지휘관들도 어쩔 수 없었을 거라고 말하는 사람들이 있습니다. 하지만 군이 대통령의 명령을 따라야 하는 경우는 대통령이 「헌법」과 다른 법들을 지키면서 명령을 내렸을 때입니다. 대통령에게 주어진 권한은 모두 법에 따라 행사되어야 합니다. 법을 위반한 명령은 따르지 않는 게 오히려 당연한 일입니다.

비상계엄 선포 뒤 군에는 국회가 비상계엄을 해제하지 못하도록 국회의원들을 막으라는 명령이 내려졌습니다. 이는 「헌법」을 위반한 것임은 물론이고 명백하게 정치적인 의도를 가진

1979년 12월 12일 쿠데타를 일으킨 반란군들의 기념 사진(1979. 12. 14).

명령이었습니다. 정치적 중립 의무가 있는 군이 따라서는 안 되는 부당한 명령이었습니다. 그런데 군 고위 지휘관이라는 사람들이 위법하고 비상식적인 명령을 그대로 따랐던 겁니다. 이는 일부 하급 지휘관들이 명령이 잘못됐다고 생각하고 따르지 않았던 것과는 비교됩니다. 결국 대통령의 명령을 무조건 따랐던 사람들은 자기 출세를 위해 군이 반드시 지켜야 할 정치적 중립의 의무를 저버렸던 겁니다. 뒤에 무조건 명령을 따랐던 지휘관들은 비상계엄 전부터 계획에 가담했던 사람들로 밝혀졌습니다.

군을 지휘하는 최고 통수권자는 대통령이지만 군이 봉사해야 하는 건 대통령이 아니라 국민입니다. 대통령에게 군을 통수할 권한이 주어진 이유도 국민이 선출한 사람이고 국민과 국가를 위해 일하겠다고 선서한 사람이기 때문입니다. 대통령이 자기 이익을 위해서는 절대 군을 이용해서는 안 된다는 전제조건이 있는 겁니다. 대통령의 명령을 거부했거나 시간을 끌면서 명령을 실행하지 않았던 군인들은 군의 역할이 국민에 대한 봉사라는 걸 잘 알고 있었습니다.

군의 목표는 전투가 아니다

우리 군의 병력은 2025년 7월 기준으로 약 45만 명입니다. 미국의 병력은 약 140만 명, 중국은 약 200만 명 정도입니다. 한국 인구가 약 5,100만 명, 미국의 인구가 약 3억 4,000만 명, 중국 인구가 약 14억 2,000만 명 정도인 걸 생각하면 한국은 인구 대비 군 규모가 아주 큰 편입니다. 우리가 이렇게 큰 규모의 군을 보유하고 있는 가장 큰 이유는 북한과의 군사적 대결과 긴장이 계속되고 있기 때문입니다. 이런 이유로 우리는 대다수 국가와는 달리 징병 제도[1]도 유지하

1 국가가 일정 연령에 도달한 국민에게 강제적으로 병역의 의무를 지우고 군에서 일하게 하는 의무 병역 제도입니다.

고 있습니다. 그렇다면 이렇게 규모가 큰 군의 역할은 무엇일까요? 전쟁을 하는 것일까요?

일부 국가를 제외하고 대다수 국가에는 규모에 차이는 있지만 군이 있습니다. 군이 존재하는 가장 큰 이유는 외부의 침략에 대응하기 위해서입니다. 그런데 군이 하는 가장 중요한 일은 전투를 하는 것이 아닙니다. 오히려 전쟁과 무력 충돌을 예방해 전투할 일이 없게 하는 것입니다. 적대적인 국가를 포함해 다른 국가에 군사력을 보여 주고 침략을 하지 못하게 만들기 위해 군대를 유지하는 것입니다. 다시 말해 전투를 하지 않기 위해 엄청난 투자를 하는 겁니다. 국가들이 적대적 관계를 만들지 않고 좋은 관계를 유지하면 생기지 않을 일인데 현실은 그렇지 못합니다.

그럼 군은 왜 전쟁 예방에 초점을 맞추는 것일까요? 거기에는 크게 두 가지 이유가 있습니다. 하나는 타국을 침략해 전쟁을 일으키는 건 국제법을 어기는 행위이기 때문입니다. 그래서 정상적인 민주주의 국가의 군은 전쟁 예방과 공격 방어가 주요 임무입니다. 다른 하나는 가장 핵심적인 것으로 국민을 보호해야 하기 때문입니다. 전쟁이나 무력 충돌이 생기면 당연히 국민의 안전과 생명이 위험해집니다. 그러니 어떤 전쟁이나 무력 충

5장. 군과 경찰은 왜 필요할까

돌도 생기지 않게 하는 게 군의 최우선 임무입니다. 한마디로 군은 많은 병력과 무기를 보유하고 있지만 실제로는 그것을 쓸 일이 없게 하려고 존재하는 겁니다. 그런데 이런 임무를 지닌 군이 비상계엄에 동원되어서 국민에게 무기를 들이대고 위협하는 상황이 생겼던 겁니다. 군의 가장 기본적이고 핵심적인 임무를 저버린 것이었습니다.

우리는 전체 정부 예산의 약 9퍼센트 정도를 군을 유지하고 강화하는 데 쓰고 있습니다. 국가 예산이 들어가는 조직은 모두 국민의 감시 대상입니다. 군도 마찬가지입니다. 그런데 우리 군은 다른 정부 기관들보다 상대적으로 적은 감시를 받아 왔습니다. 군의 특성상 공개할 수 없는 비밀스러운 정보나 업무가 많기 때문이기도 하지만 군을 함부로 건드려서는 안 되는 성역처럼 생각하는 사람이 많기 때문이기도 합니다.

그런데 이런 생각은 우리의 역사를 생각하면 이해하기 힘듭니다. 우리 군은 몇십 년 전에 두 번이나 쿠데타를 일으켰고 수십 년 동안 이어진 군사 독재 시절에는 국민을 억압하는 도구로 이용됐습니다. 그리고 군이 이제는 정치적 중립성을 지키고 국민을 보호하는 임무만 충실히 하고 있다고 믿었던 순간에 다시 비상계엄에 가담하는 일이 벌어졌습니다. 이는 군에 대한 시민

국회에 진입한 계엄군(2024. 12. 3).

의 감시가 철저하지 못했음을, 그리고 이제부터라도 철저한 감시가 필요하다는 걸 말해 줍니다.

군을 감시해야 하는 또 다른 중요한 이유는 징병 제도 때문입니다. 특별한 이유가 없는 한 우리나라 남성은 만 18세가 되면 일정 기간 동안 군 복무를 해야 합니다. 군은 우리의 일상 영역 중 하나이고 우리는 가족, 친척, 친구, 이웃으로서 그들이 군에서 안전하게 지낼 수 있게 해야 합니다. 군에서의 인권 침해와 폭력 사건이 사라질 수 있도록 감시해야 합니다. 무엇보다 막대한 세금이 들어가는 국가 조직을 감시하지 않는 건 국민의 의무를 다하지 않는 것입니다.

5장. 군과 경찰은 왜 필요할까

2 군에 복무하는 것을 직업으로 하는 군인을 말합니다. 군 관계 학교를 졸업한 뒤에, 또는 군대를 갔다가 의무로 정해진 기간을 초과해서 복무하는 군인들이 이에 속합니다.

군에 대한 국민의 철저한 감시는 직업 군인[2]들을 위해서도 반드시 필요합니다. 그래야 그들이 상관이나 정치인 들에 의해 불법적으로, 또는 소모품처럼 이용되지 않고 안전하게 자부심을 가지고 일할 수 있습니다.

경찰의 부끄러운 역사

<1987>이란 영화를 보셨나요? 1987년 6월 10일 대규모 민주화 시위의 도화선이 됐던 여러 사건을 담은 영화입니다. 여기에는 시위하는 대학생들을 무자비하게 구타하고 체포하는 경찰들이 나옵니다. 그들은 청재킷과 청바지를 입고 하얀 헬멧을 쓴 모습으로 경찰 같지 않은 복장을 하고 있습니다. 더구나 시민을 마구 구타하고 뒷덜미를 잡아 질질 끌고 가는 행동을 보면 경찰이라고 상상하기 힘들 정도입니다. 하지만 매우 유감스럽게도 이는 실제 존재했던 '백골단'이라고 불린 경찰이고 영화에서의 모습은 사실과 다르지 않습니다. 우리 역사에는 이렇게 상상을 초월해 시민들에게 물리적 폭력을 가한 경찰들이 있었습니다.

영화 <1987> 포스터.

경찰은 독재 시대에 민주화와 인권 보장을 외쳤던 시민들을 진압하기 위해 무자비한 폭력을 썼습니다.

경찰의 폭력은 군사 독재 시절에만 있었던 건 아닙니다. 2015년 11월 14일 일자리, 농업, 민생, 빈곤 등과 관련된 정부 정책에 반대하고 차별금지법 제정, 세월호 참사 진상 조사, 공정 사회 등을 요구하는 민중 총궐기 집회가 열렸습니다. 그런데 이 집회에 참석했던 69세의 백남기 농민이 경찰 살수차가 쏜 '물대포'

에 머리, 등, 가슴 윗부분을 맞고 쓰러졌고 병원으로 옮겨졌지만 혼수상태에 빠졌습니다. 경찰은 그를 직접 겨냥해 일직선으로 약 13초 동안 엄청난 수압의 물대포를 쏘았습니다. 쓰러진 게 당연했습니다. 그는 쓰러진 지 317일 만에 사망했습니다.

백남기 농민 사건 전에도 집회에서 물대포를 맞고 고막이 찢어지거나 뇌진탕을 입은 사람들이 있었습니다. 하지만 경찰은 살해 무기가 될 수도 있는 물대포 사용을 멈추지도, 진압 방식을 바꾸지도 않았습니다. 백남기 농민에게 물대포를 쏜 경찰은 밧줄을 묶어 경찰 차벽을 치우려고 하거나 차벽을 넘으려는 집회 참가자들을 해산시키기 위해 물대포를 사용할 수밖에 없었다고 주장했습니다. 하지만 이 일은 경찰이 집회 주최 측이 신고한 행진을 불허하고 2만 2,000명 이상의 경찰과 수백 대의 경찰차로 차벽을 세운 것이 원인이었습니다. 경찰이 집회 및 시위의 자유를 침해하고 시민 보호라는 자기 임무를 저버려 생긴 일이었습니다.

2018년 8월 21일 경찰청 인권 침해 사건 진상조사위원회는 백남기 농민 사망 사건에 대해 "경찰이 국민의 재산과 생명을 지키는 봉사자로서 하지 말아야 할 나쁜 선례를 가장 잘 보여 준다"고 밝혔습니다. 또한 경찰이 집회와 시위의 자유를 침해

했다고 봤습니다. 그러면서 당시에 경찰이 집회 시위 대응이 아니라 청와대 경호를 위해 738대의 버스와 트럭 20대를 이용해 차벽을 치고 집회 참가자들을 막은 것이 사건의 원인이라고 했습니다.

2020년 4월 23일 헌법 재판소는 경찰이 백남기 농민에게 물대포를 일직선 형태로 살수한 것은 위헌적인 행위라고 판결했습니다. 재판관들은 경찰이 반드시 물대포 살수가 필요한 상황인지, 그리고 직접 살수가 위험한지 확인하지 않았던 점을 지적했습니다. 헌법 재판소는 헌법 소원[1]을 청구한 백남기 농민이 사망했음에도 공권력 사용과 시민의 안전에 대한 중요한 사건이라고 여겨 심판을 진행하고 위헌 판결을 내렸습니다.

민주주의 국가는 집회의 자유를 보장합니다. 우리 「헌법」도 제21조에서 이를 보장하고 있습니다. 그래서 집회나 시위를 하고 싶으면 사전에 경찰에 신고만 하면 됩니다. 신고를 받은 경찰은 질서와 안전을 고려하고 집회 참가자들과 일반 시민을 모두 보호할 계획을 세우고 현장에서

[1] 국가가 공권력을 행사하거나 하지 않음으로써 기본권이 침해당했다고 생각하는 사람이 직접 헌법 재판소에 권리 보호를 요청하는 일을 말합니다.

집회자들을 안내합니다. 경찰은 법이 집회를 금지하고 있는 자정 이후부터 해 뜨기 전까지의 시간, 헌법 재판소나 국회 의사당 같은 공공 기관의 업무를 특별히 방해하는 경우가 아니면 집회를 막을 수 없습니다. 사실상 모든 집회가 가능한 겁니다. 경찰의 임무는 집회를 막는 것이 아닙니다. 집회를 하는 사람들을 포함해 모든 국민을 보호하는 것입니다.

그렇다면 과거에 경찰은 왜 물리적 폭력을 쓰면서까지 집회를 막고 참가자들을 체포했던 걸까요? 그것은 경찰의 임무보다 독재 정권이나 집회를 마땅치 않게 생각한 대통령에게 충성했기 때문입니다. 권력자에 대한 충성이 우선이고 국민의 권리와 안전 보장은 뒷전이거나 관심이 없었기 때문입니다. 자기 일을 제대로 하지 않은 경찰의 부끄러운 역사입니다. 경찰의 최우선 임무는 권력자에 대한 충성이 아니라 국민 보호입니다.

경찰이
국가 폭력의 도구가
되지 않도록

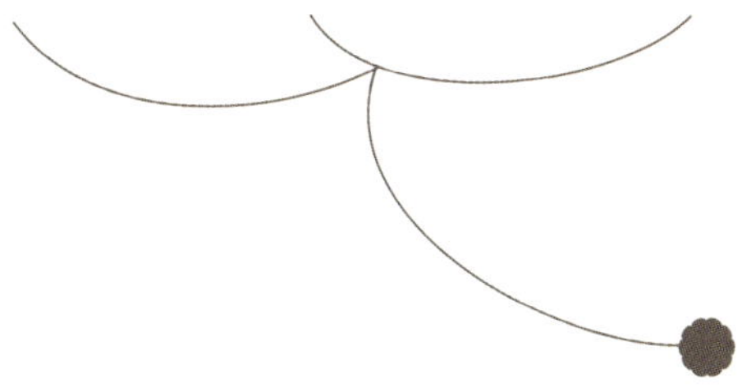

경찰은 사회 유지를 위해 반드시 필요한 기관입니다. 범죄 예방과 처벌, 교통질서 유지, 범죄 피해자 보호, 공공 기관 보호, 집회 안전 보장 등 사회 곳곳에서 경찰이 하는 일은 아주 많습니다. 경찰이 없으면 다양한 주장을 하는 사람들이 공존하는 민주주의 사회를 유지하는 것이 어렵습니다. 그런데 동시에 경찰은 민주주의 사회를 망가뜨리는 데 이용될 수도 있습니다.

12·3 비상계엄이 선포되던 날 밤 경찰은 국회 의사당 앞에서 국회의원들의 출입을 막았습니다. 국회의원 150명 이상이 투표를 해 비상계엄을 해제하고 민주적인 질서를 회복해야 하는데 경찰이 이를 막았던 겁니다. 모여든 시민들은 경찰에게 강하게

항의했고 국회의원들은 담을 넘어서 국회 의사당에 들어갔습니다. 시민들과 국회의원들의 필사적인 노력이 없었다면 비상계엄 해제는 어려웠을 겁니다. 이런 일이 생긴 이유는 경찰청장과 서울경찰청장 등의 지휘부가 「헌법」을 어기면서 비상계엄을 선포한 대통령 윤석열의 지시를 따랐기 때문입니다.

그런데 비상계엄이 해제된 뒤부터 대통령이 파면될 때까지 경찰의 모습은 완전히 달랐습니다. 경찰은 곳곳에서 열리는 집회에서 시민들을 보호하고 교통질서를 유지했습니다. 탄핵 심판이 제대로 진행될 수 있도록 헌법 재판소와 헌법 재판관들을 보호했습니다. 헌법 재판소의 탄핵 판결이 있었던 날에는 거의 모든 경찰력을 동원해 물리적 폭력이나 집회 참가자들 사이에 충돌이 생기지 않도록 했습니다. 4개월 동안 이어졌던 혼란의 시간 동안 경찰은 최선을 다해 국민을 보호하고 국회, 법원, 헌법 재판소 등이 제 일을 할 수 있도록 안전을 책임졌습니다. 경찰이 없었다면 사회 전체가 혼란에 빠지고, 집회 참가자들 사이 폭력적인 충돌이 생기고, 극단적인 주장을 하는 사람들의 공공기관 공격이 이어졌을 겁니다. 당연히 민주적인 질서를 회복하기 어려웠을 겁니다. 경찰이 국민을 보호하고 민주주의 사회를 지키는 중요한 역할을 했던 겁니다.

경찰이 민주주의 사회를 망가뜨리는 데 이용될 수 있는 가장 심각한 일은 국가 폭력의 도구가 되는 것입니다. 국가 폭력은 국가, 그러니까 국가를 운영하는 정부와 공공 기관 등이 국민에게 가하는 폭력을 말합니다. 과거 경찰이 백골단을 이용해 국민들을 폭행한 것이나 집회 참가자들에게 물대포를 쏘고 부상을 입힌 것 등은 모두 국가 폭력입니다. 더 심각한 사례도 많습니다. 독재 정권 시절 경찰은 독재자에 충성하고 독재를 유지하는 데 중요한 역할을 했습니다. 독재 정권에 저항하는 사람들을 체포하고 고문하고 죽이기까지 했으니까요. 국민에 대한 감시를 강화해 국민들이 정부나 대통령을 비판하지 못하게 했고 비판하는 사람은 체포했습니다. 이는 표현의 자유를 억압한 국가 폭력이었고 경찰은 국가 폭력의 도구로 이용됐습니다. 민주화 이후에도 경찰은 국가 폭력에 이용되곤 했습니다.

경찰이 국가 폭력의 도구가 되는 이유는 법을 집행할 권한을 가지고 있고 대규모 인원, 총기, 시위 진압 장비 등의 물리적 힘까지 갖추고 있기 때문입니다. 그런데 경찰이 그런 권한과 힘을 가지게 된 이유는 국민 보호와 사회 안전을 책임져야 할 임무가 있기 때문입니다. 국민을 위협하고 권력자들의 도구가 되어 국민에게 국가 폭력을 가하라는 게 아닙니다. 이는 군이 대규모 군대와 무기를 가지고 있는 이유와 같습니다.

모든 국가 기관의 권한과 활동은 모두 법으로 정해져 있습니다. 경찰도 마찬가지입니다. 하지만 법은 완벽하지 않기에 법으로 주어진 권한은 언제든지 악용되고 남용될 수 있습니다. 때로는 경찰 스스로, 때로는 나쁜 의도를 가진 대통령, 정치인, 고위 공직자 들이 자기 이익을 위해 경찰이 가진 권한과 힘을 악용하거나 남용할 수 있습니다. 경찰은 물리적 힘까지 가지고 있으므로 그런 경우 국민과 국가의 안전에 큰 위협이 됩니다. 그래서 경찰은 항상 시민의 감시하에 있어야 합니다.

시민들이 얼마나 잘 감시하느냐에 따라 국가 기관은 국민을 보호하는 기관이 될 수도 있고 반대로 국민에게 폭력을 가하는 도구가 될 수도 있습니다. 시민의 감시로 경찰이 국가 폭력의 도구가 되는 일이 절대 없어야 경찰관들도 떳떳하게 보람을 느끼면서 일할 수 있습니다. 그러므로 시민의 철저한 감시는 모두를 위해 반드시 필요합니다.

   5장. 군과 경찰은 왜 필요할까

6장
언론의 자유는
왜
필요할까

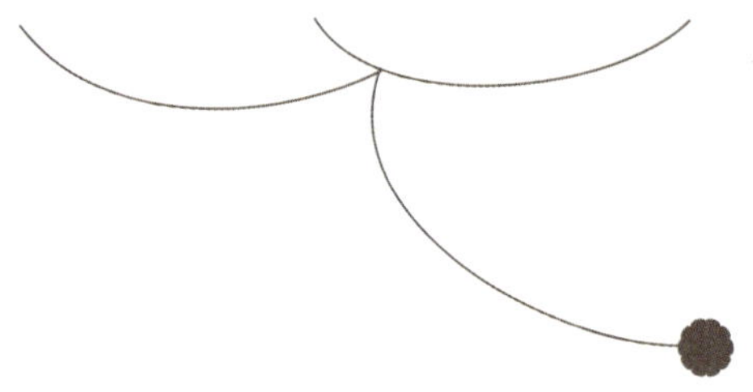

언론 자유
순위의 하락

2024년 12월 5일 국제 비정부 기구[1]인 '국경 없는 기자회'는 성명을 발표했습니다. "비상계엄이 빠르게 해제되지 않았더라면 한국은 민주화 이후 처음으로 대통령이 언론에 대한 완전한 통제권을 갖게 됐을 것"이라고 했습니다. 그러면서 몇 시간밖에 지속되지 않았지만 비상계엄이 선포된 뒤 "계엄군에 의해 기자실 출입을 거부당한 언론인이 있었고 계엄군의 체포를 우려해 피신한 언론인도 있었다"고 지적했습니다. 실제로 일부 언론사

1 국제 문제나 국가 내 문제를 세계인의 평화와 안전의 관점에서 감시하고 다루는 민간 단체로 인간의 기본적인 권리의 실현과 공존의 세계에 초점을 맞춘 활동을 합니다.

RSF 국경없는기자회

국경 없는 기자회 로고.

기자들은 사회관계망에 비상계엄 선포 직후에 "짐을 싸서 집을 나섰다"고 밝혔습니다. 체포를 피하기 위해서였습니다.

국경 없는 기자회가 이런 성명을 낸 이유는 무엇일까요? 비상계엄이 언론 자유를 위협한 일이었음을, 그리고 언론 자유가 민주주의를 위해 반드시 필요함을 강조하기 위해서였습니다. 실제 비상계엄 선포 뒤에 나온 포고령에는 "모든 언론과 출판은 계엄사의 통제를 받는다"라는 조항이 있었습니다. 이는 비상계엄을 비판하거나 계엄사의 통제를 따르지 않는 언론사와 기자는 처벌을 받을 수 있다는 의미였습니다.

국경 없는 기자회는 표현의 자유와 언론의 자유를 높이고 언론인들의 인권을 보호하기 위해 설립된 기구입니다. 이 기구는 해마다 전 세계 국가의 표현의 자유와 언론의 자유에 대한 상황을 점검한 뒤 순위를 매겨 <세계 언론 자유 지수 보고서>를 발표합니다. 보통 민주주의가 잘 정착되고 성숙한 국가는 언론 자유 지수가 높고, 반대로 민주주의가 정착하지 못하고 불안한 국가는 언론 자유 지수가 낮습니다. <2023 세계 언론 자유 지수 보고서>에 따르면, 한국의 언론 자유는 이전 해보다 4단계 하락해 180개국 가운데 47위를 기록했습니다. 그런데 2024년에는 62위로 추락했습니다. 2006년에 최고인 31위를 기록했지만 2009년에는 69위로 하락했고 2016년에는 역대 최저 수준인 70위까지 떨어졌습니다. 2017년에는 43위로 급상승했고 2019년에는 41위를 기록했습니다. 그 뒤 한두 단계 하락했다가 2023년에 47위로, 2024년에는 62위까지 추락하게 된 겁니다.

언론 자유 순위는 보통 정부에 따라 높아지거나 낮아집니다. 언론의 가장 중요한 역할 중 하나가 정부 정책을 감시하고 문제를 지적하는 일이기 때문입니다. 언론의 자유를 인정하는 정부에서는 언론 자유 순위가 높습니다. 그러나 정부가 비판적인 언론 보도를 지적하고 심지어 트집을 잡거나 억압하게 되면 언론 자유 순위는 하락합니다. 그러므로 언론 자유 순위가 낮아졌다는 건 언론에 대한 정부의 간섭, 통제, 억압 등이 심해졌음을 의미합니다. 2024년에 한 해 전보다 15단계나 추락해 62위가 된

     6장. 언론의 자유는 왜 필요할까

건 바로 정부가 언론을 비난하는 것을 넘어 탄압했음을 말해 줍니다. 도대체 무슨 일이 있었던 걸까요?

2023년 2월 3일 대통령실은 "터무니 없는 가짜 의혹"을 보도했다며 두 개의 언론사를 명예훼손 혐의로 고발했습니다. 이 언론사들은 민간인이자 역술인이 대통령 관저 예정지를 방문했고 관저를 옮기는 결정에 관여했다는 의혹을 보도했습니다. 의혹 보도는 언론사가 흔히 하는 일이고 해야만 하는 일입니다. 그런 보도가 있으면 정부 기관은 해명을 하고 증거를 제시해 의혹을 해소해야 합니다. 이 경우에도 대통령실이 CCTV 영상과 출입자 명단을 공개하면 될 일이었습니다. 그러나 그런 증거는 제시하지 않고 언론사를 고발했던 겁니다.

이에 대해 여러 언론사들은 명예훼손 혐의가 법정에서는 인정받기 어려울 것이라며 대통령실이 그것을 모르지 않을 것이라고 봤습니다. 대통령실의 목적은 법적 판단을 받는 데 있는 것이 아니라 자신들에 대한 의혹 보도를 하지 못하게 만들려는 데 있다고 했습니다. 몇 개월 뒤에 관저 예정지를 방문한 사람은 보도에서 언급된 사람이 아니라 그와 외형이 비슷한 풍수지리 전문가였던 것으로 드러났습니다. 사람이 달라졌지만 민간인이 대통령실 이전에 관여했다는 의혹, 그리고 민간인 관여 사실을 숨기기 위해 언론사를 고발했다는 의혹은 사라지지 않았습니다.

이 고발 사건은 시작에 불과했습니다. 대통령실, 그리고 여당은 그 뒤에도 강경한 태도로 언론을 대했습니다. 2024년 말까지 14개 언론사의 기자가 대통령을 비판하는 보도를 했다가 고소와 고발을 당하고 수사를 받았습니다. 언론인에 대한 압수 수색도 자주 있었습니다. 2024년 3월에는 대통령실 수석이 특정 언론사를 겨냥해 1988년에 있었던 언론인에 대한 테러 사건을 언급하며 위협적인 발언을 하는 일도 있었습니다. 언론에 대한 이런 공격적 태도와 행동이 언론 자유 지수를 추락시키는 역할을 했습니다.

정부는 항상 언론 보도에 민감하게 반응합니다. 언론이 정부를 비판하고 감시하는 역할을 하기 때문입니다. 또한 언론 보도가 국민 여론에 영향을 미치고 다른 한편 국민 여론을 반영해 언론 보도가 이뤄지기 때문입니다.

언론에 대한 반응과 대응은 정부마다 다릅니다. 그래도 보통 정부는 언론의 비판과 감시를 겸허하게 받아들이고 나아가 지적받은 점을 개선하려고 노력합니다. 불만을 표시하는 경우가 있지만 언론을 통제하거나 억압하려는 시도는 잘 하지 않습니다. 그건 민주주의 국가에서 있을 수 없는 일이기 때문입니다. 그런데 앞의 사례들은 대통령, 여당, 고위 공직자 들이 언론을 어떻게 생각했는지를 잘 보여 줍니다. 그들은 자신들을 비판하는 언론을 적으로 취급했고 제거해야 할 대상으로 여겼습니다. 압력, 통제, 협박 등을 통해 자기편을 들도록 길들이려 했습니다. 언론이 하는 비판과 감시의 역할을 전혀 이해하지도 인정하지도 않았습니다. 민주주의 사회에서 반드시 보장되어야 하는 언론 자유를 침해했던 겁니다.

언론 탄압은 독재의 상징

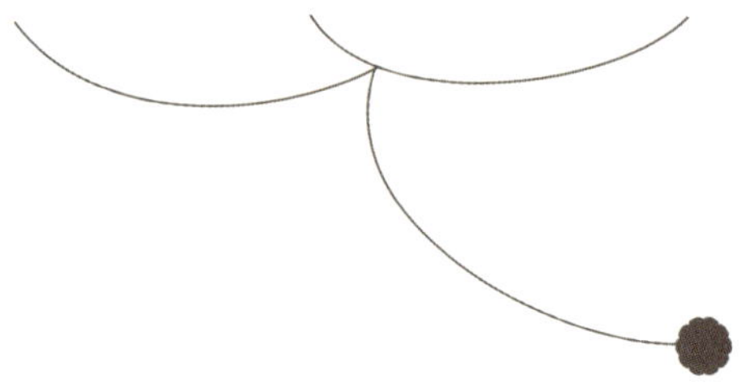

미국의 정치학자인 스티븐 레비츠키와 대니얼 지블랫은 공동으로 쓴 『어떻게 민주주의는 무너지는가』라는 책에서 독재자가 될 가능성이 있는 정치인을 구분할 수 있는 네 가지 기준을 제시했습니다.

- 첫째, 「헌법」을 부정하고 선거 불복 등 선거 제도의 정당성을 부인하는 경우
- 둘째, 상대 정당이나 정치 경쟁자를 인정하지 않고 제거하려는 경우
- 셋째, 폭력을 조장하고 묵인하는 경우

- 넷째, 시민의 자유권을 억압하는 법률이나 정책을 지지하
  는 경우

네 번째에는 언론에 법적 대응을 하겠다고 협박하는 경우가
포함되어 있습니다. 두 사람은 도널드 트럼프 대통령이 2016년
에 선거 운동을 하면서 네 가지 모두를 행했고 독재자가 될 가
능성을 드러냈다고 지적했습니다. 그리고 그런 사람이 대통령
이 되었기 때문에 미국의 민주주의가 무너질 위기에 처했다고
진단했습니다.

실제로 트럼프 대통령은 취임 뒤 자신의 힘을 이용해 언론을
탄압하는 일을 저질렀습니다. 2018년 11월 그는 백악관 브리핑
에서 남미 이민자 문제를 질문하는 CNN 기자의 말을 중단시켰
습니다. 하지만 기자는 질문을 이어 갔고 백악관 인턴은 마이크
를 뺏으려고 했습니다. 이 일이 있은 뒤에 백악관은 이 기자의
출입증을 박탈했습니다. 대통령 선거 운동 때부터 자신에게 비
판적이었던 CNN에 보복을 한 겁니다. 이 일은 전 세계 언론의
비난을 받았습니다.

2025년 다시 대통령에 취임한 트럼프는 더 노골적으로 언론
을 탄압했습니다. 2025년 2월 백악관은 '멕시코만'을 '미국만'

으로 불러야 한다는 대통령 행정명령에 따르지 않았다며 국제 언론사인 AP 통신의 백악관 출입을 금지했습니다. 이후 AP 통신이 소송을 제기했고 법원이 출입 금지 해제를 결정했지만 백악관은 따르지 않았습니다. 4월에는 AP, 블룸버그, 로이터 등 세 개 통신사의 공동 취재 기자단 자동 배정을 중단했습니다. 이들은 계약을 맺은 전 세계 언론사에 기사, 사진, 영상을 배포하는 통신사이기 때문에 수십 년 동안 추첨을 거치지 않고 자동으로 취재 기자단에 포함됐습니다. 그런데 이제는 다른 언론사와 같이 추첨을 거쳐야 하고 공동 취재에서 제외될 수도 있게 된 겁니다.

백악관 기자협회는 이런 조치가 정부에 비판적인 언론사에 대한 '보복'이라고 지적했습니다. 백악관은 "대통령의 메시지가 청중들에게 잘 전달되도록" 하기 위한 조치라고 주장했습니다. 하지만 대다수 언론은 마음에 들지 않는 언론사에 압력을 가하는 동시에 다른 언론사들을 길들이려는 시도라고 의혹을 제기했습니다. 이는 미국 역사에서 처음 있는 일이었고 정치학자들의 주장대로 트럼프 대통령이 독재자의 기질을 가지고 있음을 보여 주었습니다.

우리 사회에서도 비슷한 일이 있었습니다. 2022년 9월 대통

MBC 취재진에 대한 대통령 전용기 탑승 불허 통보를 보도한 영상.

령실은 미국 순방 시 대통령의 비속어 사용에 대한 MBC의 보도가 왜곡됐다고 주장했습니다. 그 뒤 대통령실은 여러 방식으로 MBC에 압박을 가했고 여당은 MBC를 대통령 명예훼손으로 고발했습니다. 11월 9일 대통령실은 '편파 방송'을 시정하지 않고 있다며 MBC 기자에게는 대통령 동남아 순방 전용기 탑승을 허락하지 않는다고 통보했습니다. 언론사가 비판을 했다고 전용기 탑승을 불허하는 건 있을 수 없는 일이었습니다. 그런데 비속어 사용에 대한 보도는 모든 언론사가 했고 해당 영상을 보고 들은 많은 국민은 대통령이 한 말이 비속어라고 판단했습니다. 하지만 대통령실과 여당은 자신들에 대해 비판적 보도를 해 온 언론사에 대해 노골적으로 압력과 보복을 가했던 겁니다. 이렇게 독재자 기질을 보여 준 윤석열은 결국 자기 마음대로 국가를 휘두르기 위해 비상계엄을 선포했습니다.

민주주의 사회에서 대통령, 정부, 정당, 정치인 등은 언론이 자신을 비판하거나 자신에게 협조하지 않는 것을 당연하게 생각합니다. 언론에 압력을 넣거나 언론사를 협박하는 건 생각할 수도 없는 일입니다. 공적인 일을 수행하는 자신들에 대한 비판과 감시가 언론의 가장 중요한 역할 중 하나이고 누구도 그것을 막거나 방해해서는 안 된다고 생각하기 때문입니다. 언론이 비판과 감시 역할을 하지 않거나 권력자와 권력 기관에 협력하고 이들을 추종하면 민주주의는 유지될 수 없습니다. 제 역할을 하는 언론이 없는 사회는 민주주의 사회가 아닙니다.

언론 자유는 민주주의를 가늠하는 중요한 기준 중 하나입니다. 반면, 언론 통제와 탄압은 독재의 상징으로 여겨집니다. 독재자로 알려진 에콰도르의 라파엘 코레아, 튀르키예의 레제프 타이이프 에르도안, 러시아의 블라디미르 푸틴, 베네수엘라의 우고 차베스 대통령 등은 언론 탄압을 넘어 자신에게 비판적인 언론을 제거하는 데 주력했습니다. 언론사를 명예훼손으로 고소하거나 언론사에 막대한 금액의 벌금이나 세금을 부과하고 검열을 강화하는 등의 방식으로 탄압을 했고 결국 항복을 받아냈습니다. 비판적 언론의 부재는 독재 정권의 상징이 됐습니다.

언론은 민주주의의 파수꾼

　파수꾼은 수상한 일이나 나쁜 일이 생기는지 계속해서 살피는 사람을 말합니다. 언론은 민주주의의 파수꾼이라 불리곤 합니다. 이렇게 불리는 이유는 언론이 계속 사회 모든 분야의 문제를 살피고 감시 역할을 하며 때로는 문제가 생기기 전에 위험성을 알리기 때문입니다. 특히 정부와 공공 기관, 그리고 고위 공직자들과 정치인들이 제 역할을 하고 있는지를 감시합니다. 우리 역사에서 언론은 민주주의의 파수꾼 역할을 한 적이 많았습니다.

　1987년 1월 14일 경찰의 물고문으로 대학생 박종철이 사망했습니다. 경찰은 수배자의 소재를 알아내기 위해 박종철을 체포

　　　　　　　　6장. 언론의 자유는 왜 필요할까

한 뒤 전기 고문과 물고문을 가했습니다. 혹독한 고문 때문에 결국 박종철은 사망했습니다. 경찰은 안간힘을 쓰며 박종철의 죽음을 숨기려고 했지만 결국 언론의 보도로 사실이 만천하에 드러났습니다. 당시 전두환 독재 정권은 정부에 비판적이거나 불리한 보도를 막기 위해 강력하게 언론을 통제하고 있었습니다. 그러나 언론은 정부와 경찰의 압력 속에서도 박종철 사망의 진실을 파헤쳐 보도했습니다. 언론의 끈질긴 보도로 독재 정권에 대한 국민의 분노가 커졌고 이런 분노는 1987년 6월 항쟁으로 이어졌습니다.

2016년 7월부터 여러 언론사가 당시 대통령이었던 박근혜와 비선 실세였던 최순실(2014년 최서원으로 개명하기 전 이름)이 자신들의 이익을 위해 재단을 설립하고 재벌들로부터 막대한 금액의 기부금을 받았다는 의혹을 보도했습니다. 최순실이 대통령과의 친분을 이용해 국정에 개입한 의혹도 보도했습니다. 이로 인해 대통령에 대한 분노가 커졌고 전국에서 탄핵을 요구하는 대규모 집회가 열렸습니다. 2016년 12월 9일 국회는 대통령 탄핵 소추안을 통과시켰고 2017년 3월 10일 헌법 재판소는 탄핵을 인용해 대통령을 파면시켰습니다. 이 일은 대한민국이 국민이 주권을 가진 민주공화국이라는 점을 재확인해 주었습니다.

2024년 12월 3일 대통령 윤석열이 선포한 비상계엄과 관련해서도 언론은 중요한 역할을 했습니다. 언론은 비상계엄 선포 뒤 국회에 계엄군이 진입해 국회 직원 및 국회의원 보좌관들과 대치하는 상황을 생생하게 보도했습니다. 동시에 국회가 비상계엄 해제 표결을 준비하고 결의하는 상황을 실시간으로 전했습니다. 그 뒤 언론은 비상계엄의 밤에 벌어졌던 일, 비상계엄 준비와 실행에 가담한 사람들에 대한 탐사 보도를 이어 갔습니다. 언론의 보도로 많은 일이 드러났습니다. 이는 탄핵을 요구하는 국민 여론 형성, 국회의 탄핵 소추안 표결, 헌법 재판소의 탄핵 심판 등에 많은 기여를 했습니다.

비상계엄 선포는 우리 민주주의에 큰 상처를 입혔고 헌법 재판소의 대통령 탄핵 심판이 진행되는 동안 온갖 허위 정보와 가짜 뉴스 등으로 사회는 극도로 혼란스러웠습니다. 이 과정에서 언론은 탐사 보도와 사실 확인 등으로 거짓과 진실을 가리는 데 주력했습니다. 다수 언론사의 일관되고 사실에 기초한 보도는 어려운 상황 속에서 우리가 민주주의를 지킬 수 있게 지원했습니다.

우리의 민주주의 역사를 이야기하면서 언론의 역할을 배놓기는 힘듭니다. 중대한 일이 있을 때마다 양심과 용기를 가진 언론사들과 기자들이 있었다는 건 참으로 다행스러운 일입니다. 그런데 언론이 정치적 사건과 관련해서만 파수꾼 역할을 하는 건 아닙니다. 언론은 매일 정치, 경제, 사회, 문화, 인권, 재난 등 우리 사회 모든 문제와 관련해 상황을 살피고, 사실을 확인하고, 뒤에 숨겨진 문제를 파헤쳐 알리는 역할을 합니다. 때로는 사회가 미처 생각하지 못한 문제를 발굴해 국민, 정부, 정치인 등이 관심을 가지고 고민하도록 합니다. 이 또한 모든 국민이 보호를 받고 행복을 누릴 수 있는 성숙한 민주주의 사회를 만들기 위한 노력입니다.

민주주의 사회에는 반드시 파수꾼 역할을 제대로 하는 언론이 필요합니다. 그런 언론이 존재하는 사회는 건강하고 성숙한 민주주의 사회입니다.

가짜 뉴스를 보도하는 언론사는 언론사가 아니다

　우리는 가짜 뉴스가 넘쳐 나는 시대에 살고 있습니다. 가짜 뉴스는 'fake news'라는 영어를 번역한 말인데 fake는 '위조된', '조작된' 등의 뜻을 가진 단어입니다. 가짜 뉴스는 나쁜 의도를 가지고 조작한 뉴스라는 얘기입니다. 뉴스(news)는 소식, 보도 등의 뜻을 가진 단어인데 위조나 조작은 애초 이 단어의 의미에 포함되지 않습니다. 그러니 가짜 뉴스는 뉴스라 불릴 수 없는 것입니다. 하지만 이를 뉴스처럼 위장해 퍼뜨리는 사람들이 있고 가짜 뉴스로 밝혀지기 전까지는 다른 뉴스와 똑같이 취급됩니다.

　가짜 뉴스는 2010년대 중반부터 급속히 증가했습니다. 영국

콜린스 사전은 'fake news'를 2017년의 단어로 선정하기도 했습니다. 가짜 뉴스가 일 년 전보다 365퍼센트나 증가했기 때문입니다. 이제 가짜 뉴스는 우리 일상의 일부가 됐고 가짜 뉴스를 사실로 믿는 사람들도 많습니다. 가짜 뉴스는 특히 사회가 혼란에 빠졌을 때 많이 생깁니다. 코로나19의 확산으로 많은 사람이 죽어 가던 때 미국에서는 가짜 뉴스가 확산했습니다. 우리 사회에서도 12·3 비상계엄 뒤 혼란한 상황이 이어졌을 때 가짜 뉴스가 많아졌습니다.

2025년 1월 16일 《○○○○○○》라는 신문은 2024년 12월 3일 계엄군이 수원에 있는 선거관리위원회(이하 선관위) 연수원에서 중국 간첩 99명을 체포했다고 보도했습니다. 그리고 주한 미군이 이들을 일본 오키나와의 미군기지로 압송했다고 했습니다. 이에 대해 선관위는 곧바로 "전혀 사실이 아니다"라며 "당시 선거연수원에는 교육을 받던 선관위 공무원과 외부 강사 등 96명이 숙박을 하고 있었다"고 밝혔습니다. 1월 20일에는 주한 미군도 "전적으로 허위"라고 부인했습니다. 그러나 이 신문은 같은 날 "간첩들이 미국 본토로 이송됐다"고 추가 보도를 했습니다. 《○○○○○○》는 보도에서 '미군 소식통'이라는 제보자를 언급했습니다. 그런데 제보자라는 사람이 미군 예비역으로 미국

중앙정보국(CIA) 등에서 일했다고 거짓말을 하고 신분증을 위조한 사실이 뒤에 밝혀졌습니다.

이 뉴스는 오보였을까요, 아니면 고의로 만든 가짜 뉴스였을까요? 제보자가 거짓말을 했고 신문사는 단순히 오보를, 그러니까 실수로 사건을 잘못 보도한 것으로 생각할 수 있습니다. 그러나 오보라고 하기엔 이해할 수 없는 부분이 많았습니다.

언론사는 제보를 받으면 반드시 관련된 사람이나 기관 등에 연락해 사실 여부를 확인합니다. 중요한 뉴스일수록 더 철저하게 확인하고 추가 취재를 통해 직접 사실을 확인한 뒤 보도를 합니다. 또한 보도 내용을 뒷받침하는 증거도 제시합니다. 그런데 《○○○○○○》는 선관위에 수십 명의 외국 간첩이 있었다는 매우 중대하고 위험한 보도를 하면서 선관위나 주한 미군에 사실 여부를 확인하지 않았습니다. 심지어 선관위와 주한 미군이 사실이 아니라고 확인한 것도 무시했습니다. 또한 '소식통에 따르면'이라는 식의 일방적인 주장만 하고 어떤 객관적인 증거도 제시하지 않았습니다. 이런 점에서 보면 이 신문은 사실이 아닐 수 있음을 알면서도, 다시 말해 진실을 확인할 수 없음에도 제보자를 핑계로 가짜 뉴스를 만들었을 가능성이 있습니다.

오보는 언론사나 기자가 틀린 정보라는 것을 알지 못하고 보도한 것을 말합니다. 드문 일이지만 어떤 언론사든 오보를 내는 실수를 할 수 있습니다. 오보가 밝혀지면 언론사는 사실 관계를 바로잡는 정정 보도를 내고 사과를 합니다. 오보를 내면 사회와 독자들의 신뢰를 잃게 되므로 언론사는 오보를 내지 않기 위해 최선을 다합니다. 반면 가짜 뉴스는 틀리거나 위조한 정보를 이용해 만들어지고 가짜 뉴스를 만드는 사람은 그것이 가짜 뉴스라는 걸 알고 있습니다. 가짜 뉴스를 만드는 이유는 사람들을 속이고 금전적, 정치적 이익을 얻기 위해서입니다. 가짜 뉴스를 보도하는 언론사는 없습니다. 가짜 뉴스를 보도했다면 언론사라 할 수 없습니다.

많은 사람이 자신은 가짜 뉴스를 구분할 수 있다고 말합니다. 그러나 매우 유감스럽게도 완벽하게 가짜 뉴스를 걸러 낼 수 있는 사람은 거의 없습니다. 가짜 뉴스는 사람들을 속이기 위해 아주 정교하게 만들어지는 경우가 많기 때문입니다. 가짜 뉴스에 속지 않기 위해서는 평소 여러 언론사의 뉴스를 함께 봐야 하고 잘 알려지고 오래된 언론사들의 뉴스를 보는 것도 좋은 방법입니다. 이런 습관을 통해 뉴스를 보는 안목을 키워야 합니다.

유튜브는 언론이 될 수 있을까

가짜 뉴스의 확산이 가져온 가장 큰 피해 중의 하나는 뉴스에 대한 신뢰가 하락했다는 겁니다. 그래서인지 모든 뉴스를, 심지어 레거시 미디어(legacy media)조차 신뢰할 수 없다고 말하는 사람들도 많습니다. 레거시 미디어는 전통적인 언론 매체를 의미하는데 텔레비전, 신문, 잡지, 라디오 방송 등이 여기에 속합니다. 오래되고 잘 알려진 주류 언론사는 오히려 믿을 수 없고 사회관계망이나 유튜브를 통해 전해지는 뉴스만 믿을 수 있다고 말하는 사람들도 있습니다. 정말 그럴까요?

사람들이 주류 언론사를 믿을 수 없다고 하는 가장 큰 이유는 자신이 알거나 믿고 있는 것과는 다른 사실을 보도하거나 주장

　　　　　　　　　　　　6장. 언론의 자유는 왜 필요할까

한다고 생각하기 때문입니다. 그런데 불신을 드러내기 전에 알아야 할 게 있습니다.

먼저 언론사는 자기만의 정치, 이념 성향을 가지고 있다는 점입니다. 그래서 흔히 언론사를 보수 또는 진보로 구분하기도 합니다. 이런 성향에 따라 언론사는 특정 사실이나 사건을 많이 보도하기도 적게 보도하기도 합니다. 또는 뉴스 제목이나 배치를 통해 특정 사실이나 내용을 강조하기도 홀대하기도 합니다. 이런 식의 보도는 사실을 왜곡하는 건 아닙니다. 하지만 이런 식의 보도는 독자나 시청자가 어떤 사실이나 사건을 객관적으로 파악하는 데는 방해가 되기도 합니다.

알아야 할 또 다른 중요한 사실은 언론 보도에서 사실과 주장을 구분해야 한다는 점입니다. 언론사는 사실과 사건만을 보도하는 것이 아닙니다. 사설이나 칼럼, 또는 '팩트 체크'나 앵커 발언 등을 통해 주장을 펼치기도 합니다. 이런 것을 통해 언론사의 성향이 드러납니다. 언론사의 주장은 특정 독자나 시청자의 마음에 들 수도, 안 들 수도 있습니다. 보도 방식, 뉴스 배치, 주장 등 모든 것에 대해서 독자나 시청자는 비판을 할 수 있고 특정 언론사의 뉴스를 보거나 보지 않는 선택을 할 수도 있습니다. 이렇게 언론사의 성향이 다르고 보도 방식도 다르기 때문에 뉴스를 잘 이해하고 비판하기 위해서는 다양한 언론사의 뉴스를 보는 것이 좋습니다. 때로는 진실을 알기 위해 여러 언론사의 뉴스를 비교해 보면서 스스로 사실 관계를 확인할 필요도 있습니다.

그렇다면 주류 언론사를 불신하는 사람들이 말하는 것처럼 유튜브 등 사회관계망을 통해 전해지는 뉴스는 믿을 만한 것일까요? 여기서 주류 언론사가 사회관계망을 통해 전하는 뉴스는 제외입니다. 보통 가짜 뉴스는 사회관계망을 통해 쉽게, 그리고 널리 전파됩니다. 가짜 뉴스는 사람들의 관심을 끌기 위해 자극적인 제목과 내용을 담고 있는 경우가 많습니다. 이런 가짜 뉴스의 가장 큰 문제점은 한 사람, 또는 몇 사람이 자기 이익을 위해 고의로 위조 정보를 짜깁기해서 만든다는 점입니다. 기본적인 사실 관계를 확인하지 않고 과장되거나 이치에 맞지 않는 내용을 담기도 합니다. 한마디로 자격이 없는 사람들이 자기 이익만 생각하며 무책임하게 만든 게 가짜 뉴스입니다. 그런데 안타깝게도 그것에 속아 넘어가는 사람들이 많습니다.

전직 언론인이나 정치인, 또는 변호사나 유명인 같은 유튜버가 전하는 뉴스나 주장은 믿을 만하다고 말하는 사람들도 있습니다. 그러나 그런 사람들이 어떤 사실이나 사건에 대해 해석을 하고 자신의 주장을 펼치는 건 몰라도 사실을 전하고 진실을 파헤치는 데는 한계가 있을 수밖에 없습니다. 직접 취재를 하는 것도 아니고 언론사처럼 사실을 확인하고 오보를 걸러 내는 체계가 있지도 않기 때문입니다. 물론 유튜버들 가운데는 현장 중계를 하는 사람들도 있습니다. 그러나 그런 경우에도 자기 입맛에 맞게, 그리고 금전적 이익을 위해 현장 상황을 왜곡하거나 하나의 장면으로 전체를 확대 해석하는 오류를 범할 수 있습니다. 그러니 유튜버가 생산하거나 퍼뜨리는 뉴스에 대해서는 반드시 근거와 출처가 어디인지, 믿을 만한 것인지 확인해야 합니다.

유튜버의 주장에 대해서도 자신의 입맛에 맞는다고 그냥 받아들이는 것이 아니라 비판적으로 판단해서 받아들일지 아닐지를 결정해야 합니다. 구독자를 늘리기 위해, 또는 정치적 이익을 위해 자극적인 뉴스나 주장을 퍼뜨리는 건 아닌지 감시해야 합니다. 가짜 뉴스를 만드는 유튜버들은 보는 사람이 많으면 더 많은 가짜 뉴스를 만듭니다. 또 갈수록 더 자극적인 주장을 하고 타인의 권리를 침해하거나 폭력을 선동하는 일을 할 가능성이 높습니다.

민주시민이라면 사회적 책임감을 가지고 가짜 뉴스나 자극적이고 폭력적인 주장에 스스로 노출되지 않도록 조심해야 합니다. 가장 중요한 건 민주시민이 되기 위해서는 뉴스를 잘 읽고 이해할 수 있는 능력과 가짜 뉴스를 걸러 내고 거부할 수 있는 능력을 길러야 한다는 겁니다.

시민 단체는 왜 필요할까

7장

시민 단체는
어떤 활동을 할까

2014년 4월 7일 육군 28사단의 한 포병 부대 의무대에서 윤승주 일병이 쓰러져 병원으로 옮겨졌으나 사망했습니다. 선임 병사 4명에게 폭행을 당한 뒤였습니다. 헌병대의 수사가 이뤄졌고 군 검찰은 5월 2일 4명의 선임 병사를 상해치사, 그러니까 다른 사람의 신체를 다치게 해서 생명을 잃게 만든 혐의로 기소했습니다. 하지만 재판이 제대로 이뤄지지 않았습니다. 윤 일병의 사망 전과 뒤의 상황을 알고 있는 핵심 증인에 대한 심문도 없었고 군 검찰은 사고로 마무리하려고만 했습니다. 그러나 7월 31일 군대 내 인권 침해와 비리 등을 감시하는 시민 단체가 목격자를 면담한 뒤 윤 일병의 죽음이 사고가 아닌 타살이라는 의문을 제기했습니다. 윤 일병에 대한 괴롭힘과 구타에 대한 사실도 상세하게 밝혔습니다.

윤 일병은 해당 부대에 온 뒤 한 달 이상 가해자들로부터 매일 상상을 초월하는 수준의 구타, 욕설, 가혹 행위를 당했습니다. 숨진 전날과 당일에도 폭행이 계속됐습니다. 가래침과 바닥에 떨어진 음식을 먹게 하는 등의 가혹 행위도 했습니다. 견디다 못한 윤 일병이 쓰러져 숨을 쉬지 못하는 상황이었지만 가해자들은 살리려는 노력을 하지 않았습니다. 윤 일병은 몸 곳곳에 크고 작은 멍과 부종, 갈비뼈 골절 등이 생기고 의식이 없는 상태로 병원으로 옮겨졌고 끝내 사망 판정을 받았습니다.

시민 단체의 폭로 뒤 국방부는 그제서야 이 사건을 관심 사건으로 분류했고 군 검찰은 가해자들의 죄명을 상해치사죄에서 살인죄로 변경했습니다. 그 뒤 오랜 시간 동안 보통군사법원의 1심 재판과 고등군사법원의 항소심, 대법원 판결과 사건을 다시 고등군사법원으로 보내는 파기환송심[1] 등이 이어졌습니다.

1심 법원은 4명의 가해자 모두에게 상해치사죄를 적용했고 가

1 최종 법원에서 이전 법원에서 한 판결에 법률적 오류가 있다고 판단해서 사건을 다시 해당 법원으로 보내 다시 판단할 것을 요청하는 것을 말합니다.

담 정도에 따라 징역 45년에서 15년을 선고했습니다. 윤 일병의 유가족은 살인죄가 아닌 상해치사죄가 적용된 것을 받아들이지 않고 항소했습니다. 고등군사법원은 항소심에서 가해자들 모두에게 살인죄를 적용했으나 형량은 1심보다 줄어든 35년부터 12년을 선고했습니다. 유가족은 형량이 줄어든 것은 정의롭지 않다고 했습니다. 사건은 대법원으로 갔고 대법원은 주범인 한 명에게만 살인죄를 적용하고 다른 3명에게는 상해치사죄를 적용하는 게 맞다고 판결하고 사건을 고등군사법원으로 돌려보냈습니다.

2016년 6월 3일 고등군사법원은 파기환송심에서 주범 1명에게 미필적 고의로 인한 살인죄로 징역 40년을 선고했고 공범인 3명에게는 상해치사죄를 적용해 각각 징역 7년을 선고했습니다. 법원은 가해자들이 지속적인 폭행과 가혹 행위로 윤 일병을 사망에 이르게 했다는 점을 인정했습니다. 가해자들의 범행을 알고도 방치한 하사에게도 징역 5년을 선고했습니다. 시민 단체의 노력으로 억울한 죽음의 진실이 밝혀지고 가해자 처벌이 이뤄졌습니다.

2016년 10월 29일 서울시 광화문의 청계광장에 약 3만 명의 사람들이 모여 대통령의 퇴진을 요구하는 집회를 했습니다.

10월 25일 박근혜 대통령의 측근인 최순실이 연설문 등을 수정하고 국정에 개입한 구체적인 증거가 공개된 뒤 열린 첫 집회였습니다. 11월 9일 이 집회를 조직한 몇몇 시민 단체를 포함해 1,500개가 넘는 전국의 시민 단체들은 '박근혜정권퇴진 비상국민행동'을 조직했습니다. 매주 토요일 광화문에서 집회가 열렸고 자발적으로 참여한 시민의 숫자는 시간이 갈수록 증가했습니다. 11월 12일 3차 집회에 100만 명이 넘는 사람이 모였습니다. 12월 3일 6차 집회에는 광화문 일대에만 200만 명이, 전국적으로는 약 232만 명이 참여해 역사상 최대 규모였습니다. 대통령과 국정 농단 상황에 대한 국민의 분노가 얼마나 큰지를 보여 주었습니다. 국정을 농단한다는 건 사적인 이익을 위해 권력을 함부로 독점하고 멋대로 휘두르는 것을 말합니다.

시민들이 분노한 건 단지 국정 농단 때문만이 아니었습니다. 2014년의 세월호 참사부터 시작해 2016년 9월 백남기 농민 사망에 이르기까지 차곡차곡 국민의 분노가 쌓였기 때문이었습니다. 그러던 중 명백한 「헌법」 위반 상황이 드러났던 겁니다. 국민들은 처음엔 대통령의 하야, 즉 자진 사퇴를 주장했으나 대통령이 제대로 된 사과와 진실 규명 의지를 보이지 않자 국회에 탄핵을 요구했습니다. 정치인들도 더는 국민의 뜻을 거스를 수 없었고 국회는 12월 9일 탄핵 소추안을 통과시켰습니다. 그리고 약 3개월이 지난 2017년 3월 10일 헌법 재판소는 탄핵을 인용해 대통령 박근혜를 파면시켰습니다.

시민 단체는 국회의 박근혜 탄핵 결정 이전부터 헌법 재판소의 파면 결정에 이르는 기간 동안 집회를 조직하고 관리했습니다. 특히 비폭력 집회 원칙을 가지고 모든 사람이 어떠한 권리 침해나 공격을 받지 않고 안전하게 참석할 수 있는 집회 환경을 만들었습니다. 시민 단체가 없었다면 4개월이 넘는 기간 동안 대통령의 잘못을 지적하고 진실을 규명하고 마침내 법적 절차에 따라 대통령을 파면함으로써 민주주의를 지키는 게 어려웠을 겁니다. 시민 단체가 조직하고 관리한 집회는 국민이 대한민국의 주인임을 확인하는 자리가 됐습니다. 시민 단체는 민주주의를 지키고 회복하기 위해 국민의 목소리를 듣고 국민과 협력했습니다.

「헌법」을 어기고 비상계엄을 선포한 대통령 윤석열을 탄핵하고 파면하는 과정의 중심에도 시민 단체가 있었습니다. 2024년 12월 4일 비상계엄 해제 뒤에 1,700개가 넘는 시민 단체들은 '윤석열 즉각 퇴진 사회대개혁 비상행동'을 조직하고 헌법 재판소의 대통령 파면 결정이 있기까지 4개월 동안 60차례 이상의

'윤석열 즉각 퇴진
사회대개혁 비상행동'의
웹자보.

집회를 조직하고 관리했습니다. 국민들이 지치지 않고 목소리를 낼 수 있도록 참여의 마당을 열었습니다. 또한 모두가 안전하고 즐겁게 집회에 참여할 수 있도록 노력했습니다. 비상계엄이라는 예상치 못한 비상 상황에 빠르게 대응하고 꾸준히 노력한 시민 단체 덕분에 국민의 분노, 비판, 파면 요구는 몇 개월이 지나도 사그라들지 않았습니다. 무엇보다 국민이 함께 잘못된 일을 바로잡고 민주주의를 지킬 수 있었습니다.

행복하고 안전한 미래를 위한 감시자

시민 단체란 시민이 자발적으로 모여 만든 단체를 말합니다. 시민 단체는 정부, 공공 기관, 정당, 기업 등과 관계되지 않고 독립적으로 활동합니다. 시민 단체의 가장 큰 특징 중 하나는 기업이나 가게처럼 수익을 내기 위해 일하지 않는다는 겁니다. 시민 단체가 사업 실행 자금을 만들기 위해 모금을 하는 경우가 있지만 이익을 남기기 위한 수익 사업은 하지 않습니다.

시민 단체는 국내 문제를 다루는 단체, 국제 문제를 다루는 단체, 지역 공동체의 문제를 다루는 단체, 특정 분야의 문제를 다루는 단체 등 다양합니다. 다루는 주제는 정부 정책, 정치, 인권, 국방, 통일, 환경, 교육, 노동, 경제, 이주민과 난민 같은 사회적 문제부터 평등, 차별 철폐, 성평등, 국민 안전, 정의, 공정 등 아직은 우리 사회에 부족하지만 반드시 성취해야 할 것까지 다양합니다. 우리의 일상과 관련된 모든 문제를 다룹니다.

시민 단체를 만드는 목적은 사회, 공동체, 개인의 이익을 보호하고 모든 사람이 안전하고 행복한 미래를 만들기 위해서입니다. 그래서 시민 단체는 항상 사회 문제를 감시하고 이를 국민에게 알리는 일을 합니다. 국민과 함께 문제를 해결하고 사회를 변화시키기 위해 캠페인을 하고, 국민의 인식과 문제 대응 능력을 높이기 위해 정보 제공과 교육 프로그램 등 여러 가지 사업을 진행합니다. 특히 정부 정책이나 사업의 문제점을 지적하고 정부와 국회에 법 제정과 개정을 요구하는 역할을 합니다. 정부 정책과 법은 사회와 공동체의 안전과 미래, 그리고 국민의 행복한 삶에 가장 큰 영향을 미치기 때문입니다. 시민 단체는 국민의 목소리를 정부와 정치인에게 전달하고 함께 협력해 문제를 해결하는 노력을 하기도 합니다.

2022년 10월 역사상 최악의 전세 사기 사건이 발생했습니다. 주범의 자살로 시작된 이 사건 때문에 1,688명의 피해자들이 3,280억 원의 전세 보증금을 잃었습니다. 피해자들은 하루아침에 전 재산을 잃었고 다른 곳으로 이사할 수도 없는 상황에 처했습니다. 다음 해인 2023년 5월까지 피해자 4명이 목숨을 끊었습니다. 정부가 피해자 지원을 위한 대책을 내놓았지만 허점이 많았고 피해자들의 상황은 갈수록 악화했습니다. 정부와 여당, 그리고 야당은 서로를 탓하면서 수개월 동안 대립했습니다.

2023년 4월 18일 종교, 노동, 주거, 복지 문제 등을 다루는 65개 시민 단체들은 '전세 사기·깡통 전세 문제 해결을 위한 시민사회대책위원회'(이하 '시민사회대책위원회')를 출범시켰습니다. 피해자들과 연대하고 정부와 국회에 특별법 제정을 촉구하기 위해서였습니다. 시민사회대책위원회는 피해자전국대책위원회와 함께 서명 운동, 집회, 1인 시위 등을 이어 갔습니다. 2023년 5월 25일 마침내 「전세 사기 피해자 지원 및 주거 안정에 관한 특별법」이 국회를 통과했고 6월 1일부터 시행됐습니다. 그러나 피해자 편에서 보면 부족한 점이 많았고 무엇보다 2년 동안만 시행한다는 조건을 달고 있는 문제가 있었습니다. 이에 시민사회대책위원회는 피해자대책위원회와 함께 계속 문제를 지적했습니다. 그 결과 2024년 8월에 개정안이 통과됐고 2025년 4월에는 2027년 5월 31일까지 특별법을 2년 연장하는 개정안이 통과됐습니다. 피해자 단체와 시민 단체는 3년 연장을 요구했지만 받아들여지지 않았습니다. 시민사회대책위원회는 피해자들과 함께 사각지대 피해자 지원, 피해자 인정 확대, 피해 예방을 위한 법 제정 등을 계속해서 요구하고 있습니다.

2024년 11월 25일 부산에서 플라스틱 오염 대응을 위한 '유엔 국제플라스틱협약' 5차 회의가 개막했습니다. 177개국 대표가 모여 전 세계 플라스틱 오염을 줄이기 위한 협약을 만드는 최종 회의였습니다. 회의 개막 이틀 전에 16개 환경 단체로 구성된 '풀뿌리연대'는 회의장 인근에서 '플라스틱 이제 그만'이라는 구호를 외치며 행진했습니다. 정부에 압력을 가하기 위해서였습니다. 회의는 국가 사이 이견으로 협약을 만들지 못한 채 폐막했고 2025년 8월에 추가 협상 회의를 하기로 했습니다. 추가 협상 회의를 앞두고 풀뿌리연대는 플라스틱 생산 감축을 요구하는 다양한 활동을 벌였습니다. 2025년 6월 5일 세계환경의날 전과 후에는 행사가 열린 제주도에서 '플라스틱 장례식 행진'을 열고 '재활용이 아닌 감축이 답'이라고 외쳤습니다. 또 정부에 국제 플라스틱 협약에서 플라스틱 생산 감축에 동의할 것과 일회용품 사용을 줄이기 위한 강력한 대책을 마련하라고 요구했습니다. 2025년 8월 5일부터 15일까지 제네바에서 추가 협상 회의가 열렸습니다. 세계에서 모인 환경단체들은 회의가 열리는 동안 기자회견, 행진, 침묵 시위 등을 하며 각국 대표들에게 협약 체결을 촉구했습니다. 그러나 이번에도 플라스틱 생산 감축에 지지하는 국가들과 반대하는 국가들이 합의에 이르지 못해서 협약은 체결되지 못했습니다. 환경 단체들은 이전 회의에 이어 이번에도 우리 정부가 플라스틱 감축에 명확한 입장을 표명하지 않은 것을 비판했습니다. 그러면서 플라스틱 과잉 생산이 불러온 기후와 환경 위기 해결에 앞장설 것을 촉구했습니다.

시민 단체는 정치적 문제만이 아니라 우리 일상과 관련된 다양한 문제에도 대응합니다. 피해자들과 연대하고 문제 해결을 위해 함께 싸웁니다. 기후 변화와 환경오염 등 우리 사회는 물론 세계가 직면한 중대한 문제를 해결하기 위해 세계의 시민 단체들과 연대합니다. 우리 정부에 국제 사회의 일원으로서 책임 있는 행동을 하도록 요구합니다. 시민 단체는 우리 사회의 안전과 행복을 위해서는 물론 세계인의 공존을 위해서도 필요합니다.

극우 단체는 시민 단체가 아니다

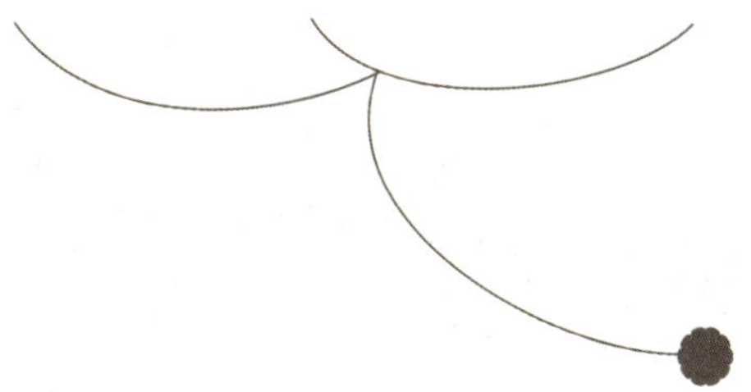

2016년 12월 9일 국회가 박근혜 대통령 탄핵 소추안을 통과시킨 뒤부터 대통령 탄핵에 반대하는 집회가 열렸습니다. 집회 주최 단체들과 참가자들은 언론의 보도를 가짜 뉴스라고 주장하고 국정 농단 사실을 부인했습니다. 대통령 파면을 요구하는 촛불 집회 참가자들을 북한을 추종하는 사람들이라고 매도했습니다. 심지어 탄핵 소추안을 통과시킨 국회를 비난하고 해산을 주장하기도 했습니다. 탄핵 반대 집회를 주도한 건 박근혜를 지지하는 모임, 그리고 보수 기독교 단체, 시민 단체 등이었습니다. 이 단체들이 집회 참가자 수를 늘리기 위해 돈을 주고 일부 참가자들을 모았다는 사실이 여러 언론사의 취재를 통해 밝

박근혜 대통령 탄핵이 잘못되었다고 주장하는 사람들의 집회 모습(2018. 8. 15).

혀지기도 했습니다.

보수 시민 단체가 대통령과 측근의 국정 농단을 심각한 일이 아니라고 주장하고 대통령 탄핵에 반대한 건 사실 놀라운 일이 아니었습니다. 이들이 이전부터 박근혜 정부를 지지했기 때문입니다. 놀라운 일은 이들이 시민 단체가 할 수 없는 주장과 행동을 한 것입니다. 이들은 유명인 팬클럽처럼 무조건 대통령을 지지하고 보호하기 위해 집회를 했고 오히려 국가 기관인 국회

7장. 시민 단체는 왜 필요할까

를 비난했습니다. 가짜 뉴스를 퍼뜨리고 집회 참가자들은 물론 국민 전체를 속이려 했습니다. 이는 사회 전체의 이익을 해치고 국민을 기만하는 일로 시민 단체가 절대 해서는 안 되는 일입니다. 이들은 자신들의 주장에 반대하는 사람들을 협박하고 심지어 북한을 추종하는 종북 세력으로 매도하기도 했습니다. 또한 돈을 지불하고 집회 참여자들을 모집함으로써 민주주의 사회에서 국민의 중요한 의사 표명 수단인 집회를 오염시켰습니다. 이들이 이렇게까지 한 이유는 민주주의를 지키고 잘못된 것을 바로잡기 위한 것이 아니었습니다. 오로지 자기 단체를 알리고 개인의 이익을 얻는 데 더 관심이 있었기 때문입니다. 이런 단체들은 시민 단체로 볼 수 없습니다.

윤석열 탄핵과 파면 과정에서는 탄핵 반대 집회의 규모가 한층 커졌습니다. 보수 기독교 단체들과 스스로 보수 시민 단체라 주장하는 여러 단체가 집회를 주도했습니다. 이들은 '윤석열 지키기'를 목표로 삼고 이를 위해 수단과 방법을 가리지 않았습니다. 국회의 탄핵 소추안 결정, 헌법 재판소의 심리 절차, 검찰과 경찰의 윤석열 수사와 체포 등 국가 기관의 모든 법적인 절차를 비난하고 방해하면서 법치주의를 부정했습니다. 국회의원, 헌법 재판관, 법관, 경찰 등을 협박했습니다. 이들은 온갖 가짜 뉴스를 퍼뜨려 집회 참가자들과 지지자들을 현혹하고 물리적 폭력을 선동하기도 했습니다. 경찰을 폭행하고 법원에 쳐들어가 기물을 부순 사람들을 대단한 일을 한 사람들로 추켜세웠습니다.

이들은 탄핵에 찬성하는 국민과 시민 단체에게 '종북 세력' 딱지를 붙였고 사회에서 제거해야 한다고 주장했습니다. 근거 없이 모든 중국인을 간첩으로 매도하기도 했습니다. 대학과 식당 등을 찾아가 탄핵 찬성 학생들과 중국인들을 협박하고 욕설을 퍼부었습니다. 가장 심각한 건 이들이 민주주의를 거부하고 비상계엄을 통한 독재 시도를 옹호한 것이었습니다. 독재 국가가 되어도 상관없다는 주장은 시민 단체라면 해서는 안 되는 것이었습니다. 이런 행동과 주장은 전 세계 극우 단체들이 하는 것과 같았습니다.

극우 단체들의 가장 큰 특징은 자신들의 주장에 반대하거나 자신들이 싫어하는 집단이나 개인을 혐오 대상으로 삼고 사회에서 그들을 제거하는 것을 목표로 삼는다는 겁니다. 이를 위해 법치 부정, 혐오 발언 등을 서슴지 않는 것은 물론 물리적 공격과 재산 파괴 같은 극단적인 방법을 쓰기도 합니다. 극우 단체들의 또 다른 중요한 특징은 목적 달성을 위해 관용, 공존, 법치주의 등의 원칙에 기초한 민주주의까지 거부한다는 겁니다. 탄핵 반대 집회를 주도한 단체들은 이런 극우 성향을 그대로 드러냈습니다. 이들은 시민 단체라 할 수 없습니다. '극우'와 '시민 단체'는 함께 쓰일 수 없는 용어이기 때문에 '극우 시민 단체'는 존재하지 않습니다.

시민 단체가 필요한 이유

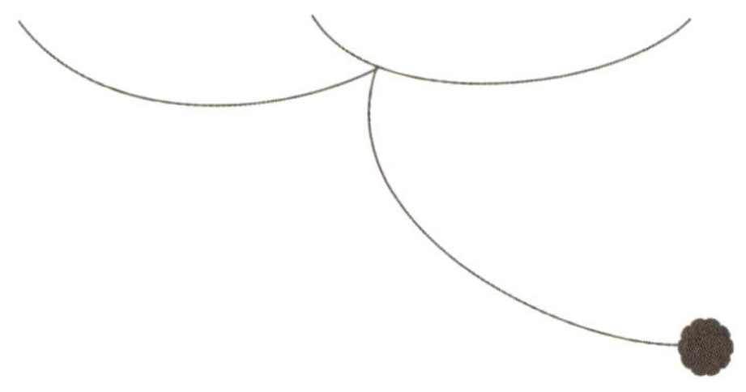

　시민 단체는 시민들이 자발적으로 모여 조직하고 시민 단체마다 다루는 주제와 추구하는 구체적인 목표가 있습니다. 하지만 수많은 시민 단체가 공유하는 목표가 있습니다. 바로 공익, 즉 사회 전체의 이익을 추구하는 것입니다.

　시민 단체는 개인이 모여서 만들지만 개인의 이익을 추구하지 않습니다. 개인의 이익을 위해 단체를 만들었다면 그건 시민 단체가 아니라 수익 목적의 모임이나 동호회로 볼 수 있습니다. 시민 단체가 특정 사회 집단, 공동체, 지역 등의 이익을 위해 일하는 경우도 있습니다. 그런데 그것 또한 공익을 위한 것입니다. 공익을 위해 시민 단체는 독립성을 유지합니다. 이는 활동이나 사업을 할 때 정부, 정당, 기업 등의 영향을 받지 않고 독립적으로 판단하고 결정하는 것을 말합니다. 독립성을 유지하는 이유는 그러지 않으면 감시, 비판, 문제 해결 촉구와 제안 등 사회 변화를 위한 활동을 제대로 할 수 없기 때문입니다. 시민 단체가 정부나 기업으로부터 사업에 대해 지원을 받거나 공공 기관, 정치인, 사업가 등과 협력하는 경우도 있습니다. 그러나 이들이 사업 지원이나 협력을 이유로 시민 단체의 일에 간섭하거나 결정에 압력을 가한다면 시민 단체는 함께 일하지 않습니다.

시민 단체가 활동하는 가장 중요한 이유는 좋은 사회를 만들기 위해서입니다. 좋은 사회란 누구도 부당한 대우나 차별을 받지 않고 모두의 인권이 보장되는 사회를 말합니다. 또한 모두가 사회 발전의 혜택을 누리고 안전하고 행복하게 사는 사회를 말합니다. 이런 사회가 되려면 국민이 정책 결정에 참여하고 정책을 평가할 수 있어야 합니다. 그러기 위해 정부가 정책을 만들고 국회와 정치인들이 정치를 하고 법을 만들 때 국민의 요구를 경청하는 절차가 마련되어야 합니다. 시민 단체는 많은 시민과 함께 이런 사회 변화가 이루어지도록 노력합니다. 이는 성숙한 민주주의 사회를 만들기 위한 노력이기도 합니다.

어떤 사람들은 시민 단체가 왜 정부, 정당, 기업 등이 하는 일을 시시콜콜 지적하고 강한 어조로 비판하는지 모르겠다고 말합니다. 그런데 그게 시민 단체가 하는 가장 중요한 일 중 하나입니다. 전 세계 시민 단체가 다 그렇습니다. 어떤 사람들은 시민 단체가 없어도 언론이 충분히 감시와 비판을 할 수 있다고 말하기도 합니다. 그러나 언론의 목표는 기본적으로 사실을 보도하고 진실을 밝히는 일입니다. 공익이나 사회 변화를 추구하지만 그것이 언론의 목표는 아닙니다. 무엇보다 언론사는 보도를 통해 수익을 올리는 게 목표 중 하나이고 회사를 키우기 위해 때로는 정부, 정당, 기업을 두둔하기도 합니다. 언론은 때로 선택적으로 감시와 비판을 하거나 그 일에 소홀할 수 있습니다. 하지만 시민 단체는 공익과 사회 변화를 목표로 삼기 때문에 감시와 비판을 소홀히 할 수 없습니다.

만일 감시와 비판을 하는 시민 단체가 없다면, 우리 사회에 어떤 일이 벌어질까요? 우리의 민주주의는 잘 유지될까요? 독재자나 몇몇 권력자가 국가를 장악한 전제주의 국가의 사례를 보면 그 답을 알 수 있습니다. 이런 국가에는 제대로 역할을 하는 시민 단체가 없거나 아주 적습니다. 또는 권력자와 정부의 편을 드는 사이비 시민 단체만 있습니다. 권력자들이 감시와 비판을 하는 시민 단체는 탄압하고 없애 버리기 때문입니다.

감시와 비판을 하는 시민 단체가 없다면 우리는 전적으로 대통령, 고위 공직자, 정당, 정치인 등의 선의, 책임감, 양심에 기댈 수밖에 없습니다. 그들이 민주주의 원칙을 따르고 국민 행복을 위해 정치를 할 것이라고 믿는 수밖에 없습니다.

그런데 감시와 비판이 없어도 그들이 자신의 정치적, 금전적 이익이 아니라 국민과 국가의 이익을 먼저 생각하며 일할까요? 자기 이익을 취하고 국민을 통제하기 위해 권력을 함부로 쓰는 일을 하지 않을까요? 유감스럽게도 우리 역사를 볼 때 그런 기대를 하기는 힘듭니다. 물론 좋은 고위 공직자와 정치인도 있습니다. 하지만 그들도 감시와 비판을 받아야 합니다. 국민과 국가에 봉사하기 위해 선출되고 세금으로 급료를 받기 때문입니다. 그들이 좋은 정책을 만들고 국민을 위한 정치를 하도록 하기 위해서도 감시하고 비판하는 시민 단체가 필요합니다.

시민 단체는 있어도 그만 없어도 그만인 게 아닙니다. 민주주의 사회라면 다양한 일을 하는 시민 단체가 꼭 필요합니다. 감시와 비판, 사회 변화를 위해 일하는 시민 단체가 존재하지 않는 사회는 민주주의 사회가 아닙니다.

8장

사회 갈등을 어떻게 다뤄야 할까

국민연금 개혁과 세대 갈등

2025년 3월 20일 여당과 야당이 「국민연금법」 개정에 합의했습니다. 국민연금은 18세에서 60세의 국민이 국민연금에 가입해 소득에 따라 보험금을 납부하면 은퇴한 후에 기본적인 생활을 할 수 있도록 연금을 지급하는 제도입니다. 납부한 보험금에 따라 사람마다 매달 받는 연금이 달라집니다.

여당과 야당이 합의한 「국민연금법」 개정안의 주요 내용은 이렇습니다. 현재 소득의 9퍼센트인 보험료를 13퍼센트까지 2026년부터 해마다 조금씩 올리고 소득 대체율을 2025년 현재의 40퍼센트에서 2026년부터 43퍼센트로 높이는 것입니다. 소득 대체율은 국민연금 가입 기간 동안의 평균 소득에 대비한 연금

수령액을 말합니다. 그러니까 평균 소득이 월 100만 원이면 2026년부터 연금으로 월 43만 원을 받게 된다는 의미입니다. '더 내고 더 받는' 것이 핵심인 이 개정안은 당일 오후 국회 본회의에서 통과됐습니다.

개정안이 통과된 뒤에 여러 논란이 생겼습니다. 당장 급료에서 나가는 보험료가 늘어나고 앞으로 수십 년 동안 보험료를 내야 하는 3040 세대는 불만을 드러냈습니다. 이들은 연금을 받는 노인이 늘어나고 국민연금의 기금이 소진되면 자신들이 연금을 받을 수 있을지 확신할 수 없다고 했습니다. 국회의원을 포함한 일부 정치인은 '청년 세대에 부담을 떠넘긴다'면서 노골적으로 개정안을 비판했습니다. 흥미로운 건 이런 비판을 하는 정치인 대부분이 개정안이 논의되는 동안에는 조용히 있다가 개정안이 통과된 뒤 비판의 목소리를 높였다는 겁니다.

1988년에 시작된 「국민연금법」은 2007년에 개정됐고 2025년의 개정은 18년 만의 일이었습니다. 인구 감소, 노인 인구 증가, 세대 간 이견, 경제 성장률 하락 등으로 인한 기금 축소의 문제는 오래전부터 알려졌습니다. 많은 사람들이 개정의 필요성을 인정했지만 실행하지 못했습니다. 반드시 해결해야 하는 사회 문제인데도 여당과 야당, 그리고 정치인 들이 논란을 피하려고 개정을 미뤘기 때문입니다. 특히 먼 미래까지 국민연금 기금을 확보하려면 보험료율을 높여야 하는데 앞으로 수십 년 동안 보험료를 내야 하는 젊은 세대의 눈치를 봤던 겁니다.

개정안을 비판한 정치인들은 보험료율과 소득 대체율이 높아지면서 계속 보험료를 내야 하는 젊은 세대는 피해를 보고 현재 연금을 받거나 곧 받을 노인 세대만 이익을 본다고 했습니다. 그런데 보험료율과 소득 대체율이 높아지면 젊은 세대도 결국 이익을 보게 됩니다. 젊은 세대가 국민연금 기금 축소로 연금을 못 받을 것이 우려되면 국가 재정에서 지원하는 방법도 있습니다. 하지만 해결 방법을 제안하지 않고 비판에만 초점을 맞췄습니다. 또 마치 노인 세대는 받기만 하는 것처럼 비판했는데 노인 세대는 지금까지 몇십 년 동안 보험료를 납부했고 그들의 보험료가 국민연금 기금을 마련하는 토대가 됐습니다.

국민연금은 모든 세대에게 필요합니다. 그렇기 때문에 우리 사회는 어떻게 하면 국민연금을 모두에게 도움이 되는 방향으로 개선할지 계속 고민해야 합니다. 그런데 개정안을 비판하는 정치인들은 젊은 세대의 지지와 언론의 관심을 얻기 위해 '노인 세대는 이익, 젊은 세대는 불이익'이라는 주장을 했습니다. 젊은 세대와 노인 세대의 대결 구도를 만드는 데 초점을 맞췄습니다. 젊은 세대의 지지를 얻기 위해 세대 갈등을 이용했습니다. 공적인 목적을 위한 건전한 비판과 반대가 아니라 자신들의 사적 이익을 위한 비판이었습니다.

많은 정치인이 사회 갈등을 잘 해결하는 것보다 이용하는 데 관심을 보이곤 합니다. 사회 문제를 두고 집단 또는 개인 사이에 대립이 생기면 모든 목소리를 듣고 해결하려고 노력하기보다 한쪽 편을 드는 경우가 흔합니다. 함께 잘사는 사회보다 자신의 정치적 이익을 더 중요하게 생각하기 때문입니다.

사회 갈등이 많은 이유

　「국민연금법」 개정을 둘러싼 논란은 우리 사회에 존재하는 세대 갈등의 모습을 잘 보여 줍니다. 인구 감소로 젊은 세대 인구는 줄고 노인 세대 인구는 늘어나면서 복지, 의료, 교통 등 여러 문제를 둘러싼 세대 갈등이 생기고 있습니다. 이외에도 우리 사회에는 빈부 격차 심화와 그로 인해 생긴 경제 계층 사이의 갈등, 기업과 노동조합 사이의 갈등, 수도권과 지방 사이의 갈등 등 많은 사회 갈등이 있습니다. 가장 심각한 갈등은 보수적 정치 신념과 진보적 정치 신념을 가진 사람들 사이의 이념 갈등입니다. 우리 사회의 이념 갈등은 다른 국가와 비교해도 심각한 수준입니다. 성평등 문제를 둘러싼 젠더 갈등도 세대에 따라 차이가 있지만 역시 심각한 사회 갈등에 속합니다.

2025년 2월 5일 한국보건사회연구원은 <사회 갈등에 대한 한국인의 인식 변화와 시사점>이라는 보고서에서 한국 사회에서 진보와 보수 사이 갈등이 심각하다고 지적했습니다. 이 보고서는 2023년 6~8월 사이 19~75세 남녀 3,950명을 면접 조사한 '2023년 사회 통합 실태 조사' 결과를 분석한 것이었습니다. 보고서는 이 조사의 응답자 중 92.3퍼센트가 진보와 보수 간 갈등이 심하다는 답을 했다고 밝혔습니다. 우리 사회 사람들 대부분이 보수 이념을 가진 사람들과 진보 이념을 가진 사람들의 대립이 심각하다고 인식하고 있다는 얘기입니다.

2025년 1월 22일 발표된 <2024 한국인의 공공 갈등 의식 조사 보고서>도 비슷한 결과를 내놓았습니다. 이 보고서는 2024년 12월 30일부터 2025년 1월 6일까지 전국 19세 이상 남녀 1,000명을 상대로 설문 조사한 것을 분석했습니다. 설문 조사는 진보와 보수, 경영자와 노동자, 잘사는 사람과 못사는 사람, 영남과 호남, 수도권과 지방, 남자와 여자 사이의 갈등 등 14개의 갈등 유형별로 심각성을 평가했습니다. 그중 진보와 보수 세력 간 갈등, 즉 '이념 갈등이 심각하다'는 응답이 91.3퍼센트로 가장 높았습니다. 이념 갈등은 2013년 이 조사가 시작된 이래

줄곧 80퍼센트 대를 기록했습니다. 그래도 계속 80퍼센트 후반 대에 머물렀는데 처음으로 90퍼센트를 넘어섰습니다. 이는 12·3 비상계엄과 국회의 탄핵 소추안 결의 이후 이념 갈등이 더욱 심각해졌다는 것을 보여 주었습니다. 잘사는 사람과 못사는 사람 사이 갈등, 그리고 경영자와 노동자 사이 갈등에 대한 인식은 70퍼센트 중반 대를 기록해 이전보다 낮아졌습니다. 눈여겨볼 갈등은 영남과 호남 지역 사이 갈등에 대한 인식이었는데 한 해 전의 58.7퍼센트에서 8.1퍼센트나 증가해 66.8퍼센트를 기록했습니다. 이는 비상계엄과 탄핵 소추안 통과 뒤 강화된 이념 갈등이 보수 이념이 강한 영남 지역과 진보 이념이 강한 호남 지역 사이 갈등에도 영향을 미쳤기 때문으로 볼 수 있습니다.

사회 갈등 중 또 하나 눈여겨볼 갈등은 젠더 갈등입니다. 한 여론조사 기관이 2025년 4월에 발표한 결과에 따르면 젠더 갈등이 심각하다고 인식한 응답자는 57퍼센트로 2024년의 64퍼센트에 비해 많이 낮아졌습니다. 심각성에 대한 인식은 이 조사가 시작된 2021년 이후 해마다 조금씩 낮아졌습니다. 그러나 절반 이상이 여전히 젠더 갈등을 심각하게 인식하고 있었습니다. 특히 2030 세대의 경우엔 75퍼센트가 젠더 갈등이 심각하다고 인식했습니다. 18~29세의 경우엔 여성의 83퍼센트, 남성의 81

퍼센트가 젠더 갈등이 "매우 심각하다" 또는 "대체로 심각하다"고 인식하고 있었습니다. 이 조사는 다른 세대에 비해 젠더 갈등을 더 자주 겪는 10대와 2030 세대가 젠더 갈등을 심각하게 인식하고 있음을 보여 주었습니다.

우리 사회에 있는 모든 갈등은 다른 사회에도 있습니다. 그런데 다른 국가, 특히 우리와 경제 수준이 비슷한 다른 선진국에 비해 우리 사회에 좀 더 많고 심각한 편입니다. 거기에는 두 가지 이유가 있습니다. 하나는 사회, 집단, 개인의 갈등 해결 능력과 노력이 부족해서 사회 갈등이 해결되지 않고, 거기에 새로운 갈등이 계속 추가되기 때문입니다. 다른 하나는 행정을 책임지는 정부와 입법을 책임지는 국회가 제 역할을 하지 않기 때문입니다. 정부와 정치인들이 사회 갈등을 완화하거나 해결하기보다 악화시키고 복잡하게 만드는 일이 자주 있기 때문입니다. 다양한 집단과 개인이 공존하는 민주주의 사회를 만들 책임이 있는 정부와 정치인들이 오히려 걸림돌이 되고 있습니다.

사회 갈등을 부추기는 정치

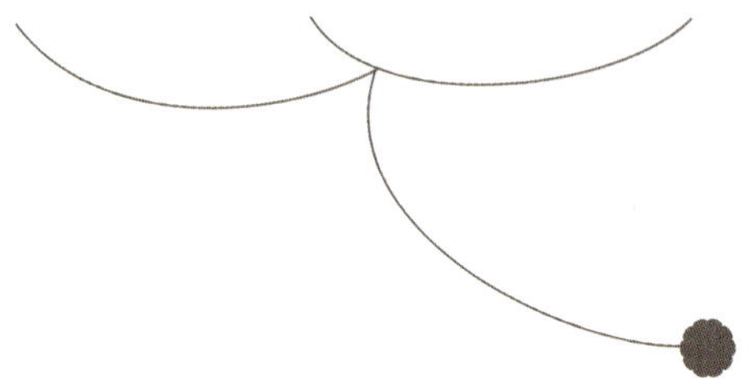

　정치란 무엇일까요? 우리는 흔히 정치를 권력을 잡거나 유지하려는 정치인들이 경쟁하고 다투고 때로는 서로를 험한 말로 비난하고 공격하는 일로 생각합니다. 우리가 이렇게 생각하는 이유는 그런 정치를 많이 보고 경험했기 때문입니다. 그런데 정치는 그런 것과 전혀 다른 의미를 가지고 있습니다. 정치는 국가를 잘 운영하는 일이고 그러기 위해 국민의 다양한 견해와 주장을 듣고 조율하고 합의를 만들어 가는 일입니다. 우리 정치인들은 이런 정치의 의미를 얼마나 잘 알고 있는 걸까요?

　사회 갈등을 잘 다루고 해결하는 것은 정치인들에게는 숙명과도 같은 일이자 중요한 책무입니다. 그런데 우리 정치인들은 이와는 동떨어진 일을 해 왔습니다. 국민 사이 대립을 외면하거나 방관하고 때로는 부추기고 오히려 새로운 사회 갈등을 만들기도 했습니다.

우리 사회의 가장 심각한 사회 갈등인 이념 갈등은 정치인들 때문에 수십 년을 거치면서 악화했습니다. 보수 이념을 가진 정치인들은 진보 이념을 가진 정치인들과 국민을 북한을 추종하는 사람들로 모함하고 '빨갱이' 딱지를 붙이면서 비난했습니다. 진보 이념을 가진 정치인들은 보수 이념을 가진 정치인들과 국민을 몰상식하고 대화를 할 수 없는 사람들로 몰아붙이고 비난했습니다. 수십 년을 거치면서 굳어지고 악화한 이념 갈등은 12·3 비상계엄 뒤 최악으로 치달았습니다.

정치인들은 이념 갈등과 함께 지역 갈등도 이용했습니다. 보수 이념 정당 지지자가 많은 영남 지역과 진보 이념 정당 지지자가 많은 호남 지역 사이의 적대 감정과 대립을 부추겼습니다. 서로를 싫어하고 비난하는 감정과 지역 사이 갈등은 수십 년을 지나면서 굳어졌습니다. 지금도 일부 정치인들은 정치적 사건이나 선거가 있을 때 이념 갈등과 지역 갈등을 이용하곤 합니다.

정치인들이 이념 갈등과 이와 관련된 지역 갈등을 이용한 이유는 쉽게 지지와 표를 얻기 위해서였습니다. 이념 갈등을 이용하면 후보자 검증과 정책에 대한 유권자의 관심을 이념 문제로 돌리고 이념만 강조하면 되니까요. 또 지역 갈등을 부추기면 후보자의 능력이 아니라 출신 지역과 지역 대결의 승리를 강조해 표를 얻을 수 있으니까요. 우리는 이런 정치인들 때문에 우리의 삶과 민주주의를 발전시킬 기회를 잃었습니다. 이념 갈등이 계속되지도 악화하지도 않았다면 우리 사회는 더 발전하고 우리의 민주주의는 훨씬 더 성숙해졌을 겁니다. 지역 갈등을 이용하고 조장하는 정치인들이 없었더라면 작은 나라가 호남과 영남으로 갈라져 대립하고 서로를 비난하는 일은 없었을 겁니다. 개인의 일상도 편안했을 겁니다.

정치인들은 정치적 이익을 위해 사회 갈등을 악용하는 것을 넘어 사회 갈등을 만들기도 했습니다. 2022년 1월 7일 대통령 후보였던 윤석열은 사회관계망을 통해 '여성가족부 폐지'를 공약했습니다. 페미니즘에 반대하는 20대 남성의 표를 얻기 위해서였습니다. 여성가족부는 페미니즘과 관계가 없고 전 국민을 위해 필요한데 여성가족부의 존재가 마치 여성 우대고 남성 차별인 것처럼 호도했습니다. 이로 인해 이 공약에 찬성하는 남성들과 반대하는 여성들 사이에 새로운 젠더 갈등이 생겼습니다. 성별에 상관없이 이에 찬성하고 반대하는 사람들 사이에도 갈

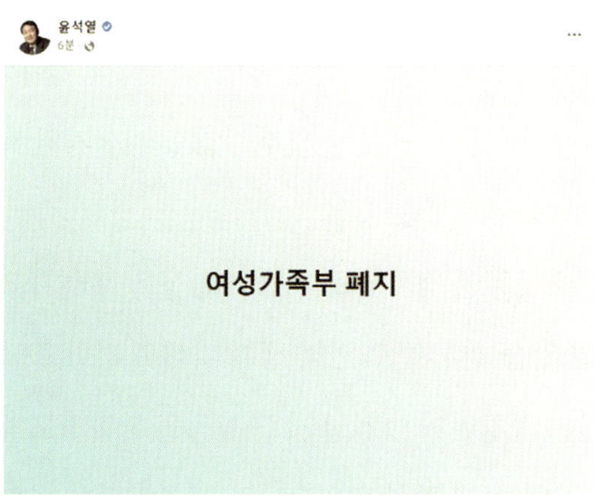

"여성가족부 폐지"라는 한 줄의 문구만 있는
2022년 1월 7일 윤석열 후보의 페이스북 게시물.

등이 생겼습니다.

젠더 갈등은 2010년대 중반부터 심각한 폭력 피해를 입은 여성 사건들을 둘러싸고 발생해 악화하곤 했습니다. 하지만 2022년 1월에는 비교적 잠잠했습니다. 또 젠더 갈등은 정치적 사건과 직접 관련해 발생하지는 않았습니다. 그런데 '여성가족부 폐지' 공약으로 인해 대통령 후보 지지를 둘러싼 정치적인 젠더 갈등이 만들어졌습니다. 윤석열은 새로운 형태의 젠더 갈등을 이용해 쉽게 남성 표를 얻으려고 했습니다. 여성가족부 폐지를 둘러싼 젠더 갈등은 대통령 취임 후에도 이어졌고 여성가족부 폐지를 지지했던 젊은 남성 중 일부는 12·3 비상계엄 뒤 마침내 극우 세력으로 진화했습니다.

우리는 오랫동안 정치인들이 사회 갈등을 부추기고 악용하는 것을 봐 왔습니다. 그로 인해 생긴 피해도 경험했습니다. 그런데도 많은 정치인이 여전히 사회 갈등을 완화하고 해결하는 것보다 이용하는 데 관심이 있습니다. 민주시민은 이런 정치와 정치인들을 감시하고 변화를 요구해야 합니다. 민주시민의 감시와 요구가 없으면 정치인들이 사회 갈등을 방관하고 이용하는 일은 줄어들지 않을 겁니다.

사회 갈등을
해결할 때
가장 필요한 것

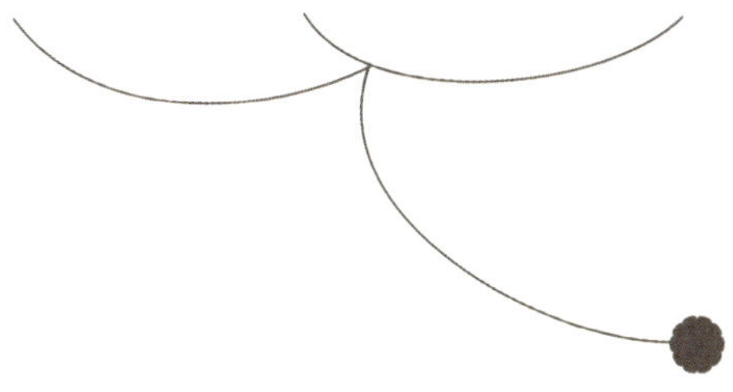

2018년 5월 25일 아일랜드는 국민투표를 통해 낙태를 전면 금지하는 「수정 헌법」 8조를 개정했습니다. 투표한 국민의 66.4퍼센트가 개정에 찬성했습니다. 이로써 낙태 수술을 받은 여성에게 최장 14년의 징역형을 내리는 조항은 폐지됐습니다. 또한 임신한 여성의 요청이 있으면 임신 12주까지 낙태 수술이 가능하고, 그 뒤에는 임신한 여성의 생명에 위험이 있거나 태아에 심각한 장애가 있을 때 낙태가 가능하게 됐습니다.

다른 국가에서와 마찬가지로 아일랜드에서 낙태 금지는 오랫동안 사회적 논란거리였습니다. 아일랜드 인구의 80퍼센트 이상이 낙태를 금지하는 가톨릭교회 신자이기 때문에 더욱 그

랬습니다. 그런데도 많은 국민이 낙태 금지 조항 폐지에 찬성한 데는 2012년에 있었던 비극적 사건의 영향이 있었습니다. 당시 31세 임산부였던 할라파나바르는 태아가 생존할 수 없다는 진단을 받았으나 불법이라는 이유로 낙태 수술을 할 수 없었습니다. 그녀는 태아가 숨지고 나서 수술을 받았지만 결국 후유증인 폐혈증으로 사망했습니다.

이 사건 후 낙태 허용을 요구하는 목소리가 커졌습니다. 그런데 낙태 문제를 국민투표에 부칠 수 있게 만든 건 시민의회(Citizen's Assembly)였습니다. 시민의회는 아일랜드의 중요한 사회 문제를 시민들이 논의하는 기구로 대법원 판사인 의장 1명과 지역, 성, 나이, 사회 계층 등을 고려해 추첨으로 뽑은 시민 99명으로 구성됩니다. 이들이 숙의, 그러니까 깊이 생각하고 충분한 논의를 한 뒤에 과반수의 찬성으로 권고안을 채택해 의회로 전달하면 의회는 권고안을 수용할지를 결정합니다. 「수정 헌법」 8조의 낙태 금지 조항을 논의하는 시민의회는 2016년 11월 26일에 시작됐고 2017년 4월 23일에 마지막 회의를 했습니다. 여기서 시민의회 구성원 87퍼센트가 낙태 금지 조항 폐지에 찬성했습니다. 이 결과는 의회로 전달됐고 최종 결정을 위한 국민투표가 실시됐습니다. 국민 숙의를 통해 의견을 수렴하고 다시 국민

　　　　　　　　

의견을 물어 최종 결정을 하는 민주적 절차가 이뤄졌던 겁니다. 이는 국제 사회에서 가장 바람직한 민주적 방식으로 사회 문제를 해결한 모범 사례 중 하나로 인정받고 있습니다.

낙태는 아주 민감한 사회 문제입니다. 많은 나라가 이 문제로 사회 갈등을 겪고 있습니다. 우리 사회도 마찬가지입니다. 이 문제는 반드시 해결되어야 하는데 해결 방식에는 여러 가지가 있습니다. 아일랜드 사례는 가장 바람직한 방식을 보여 줍니다. 정치인들은 일방적으로 결정하지 않고 시민의회를 통해 국민의 의견을 물었습니다. 그렇게 의견을 모은 뒤에도 의회가 결정을 내리지 않고 다시 국민에게 최종 선택을 하도록 했습니다.

시민의회가 없다고 국민 의견을 수렴할 수 없는 것도, 국민이 선택권을 가질 수 없는 것도 아닙니다. 예를 들어 우리 사회가 하는 공론화는 시민의회와 비슷한 방식입니다. 공론화는 시민의회와 비슷하게 성, 나이, 지역, 정치 성향 등을 고려해 무작위로 뽑힌 국민이 숙의를 한 뒤 어떤 일에 대한 찬성과 반대 의견, 또는 문제의 해결 방안을 제시하는 절차를 말합니다. 정부는 여기서 나온 결과를 고려해 결정을 내립니다. 어떤 방식이 됐든 중요한 건 중대한 사회 문제를 다룰 때 국민이 숙의하고 사회적 합의를 이루는 과정이 있어야 한다는 것입니다. 그래야 성숙한 민주주의 사회라 할 수 있습니다.

우리는 대통령, 정부, 국회 등이 사회 문제에 대해 최종 결정을 내리는 걸 당연하게 생각합니다. 그것이 민주적인 방식이라고 생각합니다. 그런데 「헌법」 제1조는 "대한민국의 주권은 국민에게 있고 모든 권력은 국민으로부터 나온다"고 쓰고 있습니다. 이는 국가를 운영하는 일의 중심에 대통령이나 국회의원 등이 아니라 국민이 있어야 한다는 얘기입니다.

우리는 중요하고 복잡한 국가의 일을 효율성, 편의성, 전문성 등을 고려해 투표로 선출된 사람들에게 맡기고 있습니다. 그들의 임무는 국민의 의견을 들어 국가를 운영하고 정책과 법을 만들고 사회 문제를 해결하는 것입니다. 국민의 선택을 받았다고 대통령이나 국회의원이 모든 일을 결정하는 건 민주적인 방식이 아닙니다. 그들이 좋은 결정을 한다는 보장도 없습니다. 개인이나 정당의 이익을 먼저 생각할 수 있고 자기 판단에만 의존해 결정할 수도 있으니 말입니다. 특히 사회 갈등을 해결하고 새로운 사회 갈등이 생기지 않게 하려면 무엇보다 국민의 합의가 중요합니다.

사회 갈등이 꼭 나쁜 것은 아닙니다. 사회 갈등은 잘못된 점을 고치고 더 나은 사회를 만드는 기회가 됩니다. 그러려면 사회 갈등으로 국민 사이에 첨예한 대립과 충돌, 그리고 상호 비난이 생기는 상황을 막아야 하고 그래서 시민 숙의와 합의의 과정이 필요합니다.

우리가 직면한 가장 큰 도전은 국민을 위해 열심히 일하는 정치인이나 고위 공직자가 부족하다는 겁니다. 대통령, 국회의원, 고위 공직자가 되면 당연히 국민을 위해 무엇을 할지를 살펴야 하는데 무엇이 자신에게 이익일지를 먼저 생각하는 경우가 많습니다. 이런 일을 막을 수 있는 건 민주시민입니다. 민주시민이 이들을 감시하고 비판하는 건 물론이고 때로는 이끄는 역할까지 해야 합니다. 쉬운 일이 아닙니다. 하지만 꼭 해야 하는 일입니다. 대한민국의 민주주의는 민주시민이 어떻게 하느냐에 달려 있습니다.

이미지 출처와 페이지

∘ 서울특별시 16

∘ 위키백과 20, 24, 28, 36, 37, 44, 52, 68, 75, 92, 113, 118, 168

∘ 윤석열 즉각 퇴진 사회대개혁 비상행동 161